天下文化
BELIEVE IN READING

心靈地圖 I

追求愛和成長之路

The Road Less Traveled

A New Psychology of Love, Traditional Values and Spiritual Growth

M. Scott Peck, M.D.

史考特・派克 — 著　張定綺 — 譯

BBP467

Contents

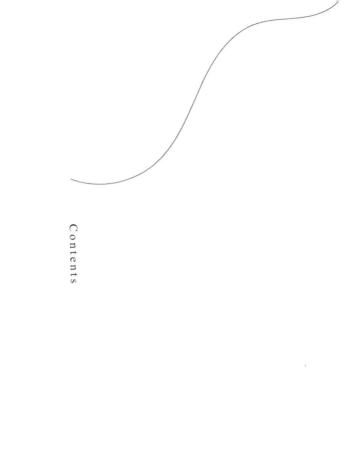

第3部 宗教

第4部　神恩

推薦序

少有人走的路

賴佩霞　身心靈導師

簡單的說，我們的潛意識就是神，我們心裡的神。我們一向就是神的一部分，神一直與我們同在，不僅現在，也永遠如此。

——史考特・派克

單單衝著派克博士在書中寫下這句對「潛意識」的描述，就值得我們把書從頭到尾看完，畢竟我們對於自己的這部分都模模糊糊、似懂非懂，如果神真的就在我的百分之九十五裡面，那我是否該停下來好好傾聽祂的聲音，所有的外求是否也該適可而止？

三十年前《心靈地圖：追求愛和成長之路》在台灣出版時，這是中文版的翻譯書名，近期我發現簡體版將此書譯為《少有人走的路》，這書名似乎更能引發現代人對稀有的好奇，我就是其中之一。只是，看了看、聽了聽、想了想，這不就是立在我書櫃上長達十多年的書嗎？從架上拿下來，翻開內頁，一眼看到上面寫了密密麻麻的筆記，還有貫穿整本書的黃藍紅色線條，這時，我的眼光即刻駐留在那些筆記上，超想回溯本書曾經帶給我的啟發和影響。

派克博士在青少年時期，經歷過一段相當痛苦及抑鬱的求學過程，當時他拒絕回到學校去，在與父母商討之後，他答應接受心理治療，後來便轉往神學院就讀，完成了高中學業，之後也順利進了哈佛大學，最終取得了醫學博士學位。從我看來，神學院的教育解開了他心中某些深層的疑惑，也讓他找到日後面對挑戰的力量，這段探索的過程及明白，在本書的第四部「神恩」中描述得清晰透澈，今天讀起來仍然感到強烈的共鳴與喜悅。

我非常感謝母親，在小時候把我送到天主教道明國際學校念幼稚園，讓我在很小很小的時候就約略感知到，這個世界除了外在某個特定的人能夠帶給我精神的安慰之外，我的內心還有一股奇妙的力量，能適時拯救我、鼓勵我，幫助我度過層層的難關。當長大後漸漸轉往身心靈探索之後，愈來愈清楚內在那股堅定的神助。

作者在本書的第三部特別談到「宗教」，對於人們對宗教的追尋我心持開放，同時也看到背後的價值。在台灣這片土地生長的我們，無論是哪個宗教或教派，都懷有悲天憫人的人文素養，這是一種非常特殊的文化。先撇開人的差異不說，如果我們能夠專注在人性追求的共通價值與意義上，將不難發現其實神性、佛性本來就存在於你我之中與之間。而那些人性所必須面對的種種困境，都是為了讓我們從中學習自律，進而增長我們對愛的理解與表現而以。

生活中有太多混沌不明的想法跟似是而非的概念充斥在我們的人際關係之中，有些真的只是沒想到，有些是因為沒有人把邏輯說清楚講明白，導致我們不斷在悔恨、不甘心與扼腕間來回擺盪，甚至每天都在面對鬼打牆的自責與責難。

你知道嗎？作者在書中特別提到一個非常美的希臘神話，是男主角被復仇女神如影隨形詛咒的故事。經過主角多年的寂寞、反省與自責，他一心追尋彌補罪行的方法，終於解開了眾神對他家族的詛咒，最後還把復仇女神變成了仁慈女神。也就是說，當他願意面對自己心理上的黑暗，那些原本看似心理疾病的症狀，卻也變成了幫助他蛻變、成長的美意。

我多次閱讀本書，特別是當出版社邀請我寫推薦序時，我不只一次仔細反覆閱讀。我只能說，感謝作者願意把他的生命洞見寫下來，透過文字，讓這些珍貴的訊息，讓我不但愈來愈清晰，而且身心也愈來愈輕盈健康。讀著讀著，我已分不清本書帶給我生命的影響有哪些，只知道每隔幾段文字，就有那種「啊哈～」的雀躍，而這份喜悅我知道是來自：我懂，我明白，謝謝您！

派克博士逝世於二〇〇五年秋天，享年六十九歲。嚴格說起來並不長壽，這是我個人覺得遺憾的地方。本書是他在四十二歲，也就是一九七八年生平出版的第一本著作，他壓根沒想到會在五年後突然聲名大噪，受到全球矚目，至今銷售量已超過上千萬本。很慶幸，即便他已離世多年，現代人有足夠的智慧得以讓這本發人深思的著作，輕易地遠遠流傳。

讓我們透過作者的提醒，一起來檢視自己的心靈地圖，同時也問問自己，是什麼阻礙了我踏上這一條既珍貴卻又少有人走的路。

自序

上天的禮物

寫於出版二十五週年

明天就會有個陌生人把我們一直的想法、一逕的感覺說出來，而且說到我們心坎裡，說得毫釐不爽。

——美國詩人、思想家愛默生〈自恃〉

很多讀者寫信給我，最常見的內容就是感謝我的勇氣，倒不是因為我說出什麼新東西，而是因為把他們一直想著、覺得著，卻不敢說的東西寫出來。

說勇氣我不敢當。我這個人天生有點善忘，倒是真的。本書出版之初，我有位病人，剛好在一個酒會中聽到我母親和一位年長婦人的對話。那位婦人提到本書說：「你一定很以派克為榮。」我母親答道：「為榮？那可不見得。那本書跟我無關。是他的心靈，那是上天的禮物。」我覺得我母親自認與此書無關，那是錯的。但她說我寫作《心靈地圖Ⅰ》是上天的禮物，卻是對的——在很多層次上都是如此。

這份禮物有一部分可以追溯到很久以前。湯姆跟我在同一個避暑勝地成長，他是我妻子莉莉和我的好朋友。早些年的夏天，我曾跟他幾個哥哥一塊兒玩耍，他母親從小就認識我。《心靈地圖Ⅰ》出版後幾年，有天晚上，湯姆來我家晚餐。當時他跟他母親住一起，前一天晚上，他對母親說：「媽，明天晚上我要跟派克吃飯。你還記得他嗎？」「啊，記得呀。」她答道：「就是那個老愛說些不該說的事情的小男孩。」

所以你就知道，這份天賜的禮物可以回溯到從前。你可能也會理解，少年時代的我在主流文化中多少算是個「陌生人」。

因為我是無名小卒，《心靈地圖Ⅰ》初出版的時候，沒什麼宣傳。它驚人的商業成功來得非常緩慢。書在一九七八年出版，等了五年才登上全美暢銷書排行榜——我對此發展感激莫名。如果一夕成名，我非常懷疑當時的自己是否夠成熟，能夠應付突如其來的盛名。總而言之，這本書沉潛了一段時間，它是業界所謂的「口碑書」，經由數種管道以口耳相傳的速度為人所知，開始時很緩慢。其中一個管道就是匿名戒酒會。事實上，如果《心靈地圖Ⅰ》早二十年出版，我懷疑它不會有成功的機會。匿名戒酒會直到一九五〇年代中期才做出成績；更重要的是，心理治療的業務，也在那同時開始有長足發展。結果就是，一九七八年《心靈地圖 I》初次出版時，美國已有很多人在心理與靈性兩方面都夠成熟，開始深入思考各種「不該說的事情」。可以說，他們根本是在等待有人出面，把這種事情大聲說出來。

於是，《心靈地圖 I》受歡迎的程度與日俱增；於是，它受歡迎的程度歷久不衰。甚至直到我四處演講生涯的末期，我還會告訴聽眾：「你們不代表典型的美國社會，但你們有若干驚人的共通點。其中之一就是，很多人一生中曾經或仍在繼續接受心理治療、參加戒酒計畫，或由傳統學院訓練出來的治療師治療。如果我請在場各位曾經或仍在做治療的人舉手，應該不至於侵犯你們的隱私吧。」

聽眾中百分之九十五的人都舉起手來。「請看看周圍。」我會對他們說。這有許多重大意義。我會繼續：「其中之一就是，你們這群人已經開始超越傳統文化。」所謂超越傳統文化也有多層意義，其中之一就是，這群人從很久以前，就開始思考所謂不該說的事情。當我進一步闡釋此一現象非比尋常的意義時，他們都表贊同。

曾有人稱我為先知。我願意接受這麼一個似乎太過誇張的頭銜，只因為很多人曾經指出，先知的能力不在預知未來，而在於解讀時代的徵兆。《心靈地圖 I》之所以成功，因為它為這個時代代言；它的讀者造就了它的成功。

《心靈地圖Ⅰ》初次出版時，我天真地幻想它會被全美各地的報章評介。事實上，竟然有一篇書評談論它，已是上天垂顧……但那篇評論實在太好了！本書的成功，我認為有相當部分應歸功於蘇洛（Phyllis Theroux），她是非常優秀的作家。當年她也寫書評，不期然在《華盛頓郵報》書評版編輯辦公室堆積如山的樣書中，發現本書。她瞄一眼目錄，便將書帶回家。兩天後，她回去要求編輯同意她為本書寫一篇評介，編輯不很情願地同意了，蘇洛便著手「精心雕琢一篇製造暢銷書的評論」。她真的辦到了。《心靈地圖Ⅰ》登上全美暢銷書排行榜之前好幾年，就已經上了華盛頓地區的暢銷書排行榜。這已足夠扶持本書起步。

我還有一個理由要感謝蘇洛。本書受歡迎的程度日增，為了確定我仍然腳踏實地，沒有沖昏腦袋，她告訴我：「你知道的，這不是你的書。」

我立刻懂她的意思。我們絕對不是說《心靈地圖Ⅰ》是上帝的話語，或任何「天啟靈感」。書是我寫的，書中很多用字遣詞都有改進空間。它並不完美，所有缺點都應由我負責。儘管缺點所在多有，但也許因為世界需要這本書，當我獨自一人關在擁擠的小辦公室裡寫這本書時，心中毫不懷疑我有助力。我真的無法解釋那是什麼樣的助力，但那種經驗絕非獨一無二。事實上，那樣的助力也就是本書最終的主題。

前言

心靈成長是終生的功課

本書觀念主要源於我在日常心理治療的門診工作中，目睹病人為逃避或爭取更高層次的成熟所做的奮鬥。因此，書中有很多實際的病例。心理治療首重保密，所以這些案例的人物與特徵都經過改動，在不致扭曲我與病人相處真相的前提下，保障病人的隱私。

書中病情描述都十分簡略，扭曲部分真相可能在所難免。心理治療絕少能一蹴而幾，我不得不集中少數重點來描述，所以讀者或許會認為治療過程既戲劇化又明確。戲劇化是真的，最後事情也或許能真相大白，但不可忘記我已為了提高可讀性，而省略了大多數治療中不可避免的長期困惑與沮喪。

我也要為書中提及上帝時，一再使用傳統的男性形象而致歉，但這麼做完全是為了求簡單明瞭，而非出於根深柢固的性別觀念。

身為心理醫師，我認為一開始就該說明本書的兩大基本假設。第一是我沒有把心靈和精神加以區分，因此達到精神成長和心理成長的過程是相同的。

另一個假設則為：這個過程是複雜而艱鉅的畢生工作。為了給心理成長提供具體助益而進行的心理治療，絕非速成的簡單過程。我不屬於任何心理學派；我不單純地擁護佛洛伊德、榮格、阿德勒、行為心理學或完形心理學一家的學說——我不相信用一種簡單的答案能解決所有問題。我認為短期的心理治療或許有幫助，不該橫加輕視，不過能提供的助益無可避免是很膚淺的。

心靈成長的旅程極為漫長。我要向那些讓我伴隨他們走過這趟旅程的病人致謝。因為他們邁向成熟的旅程，也是我個人成長的旅程，而我們共同學到的一切，就呈現在本書中。我也要向多位老師和同行致謝，另外，特別要感謝我的妻子莉莉。她扮演著兼具配偶、父母、心理治療者，甚至與我精神智識合而為一的角色，她的智慧惠我良多。

第1部

紀律

生活的真正難處在於：
面對問題，尋求解決之道，
是一段非常痛苦的過程。
而紀律是解決人生難題最主要的工具，
能積極面對痛苦，
就能把握隨問題而來的成長機會。

1 面對難題

人生困難重重。

這是偉大的真理。一旦真正想通了這層道理，就能超越它。一旦真正了解而且接受了人生困難重重的事實，就不會那麼耿耿於懷，人生也就顯得不那麼多災多難了。

大部分人都不明白，人生本來就遍布艱險困頓的事實。他們不斷怨天尤人，要不就自艾自憐，彷彿人生本來應該既舒服又順利似的。他們堅持自己的難處與眾不同；他們說，奇特的困難降臨在他們及家人身上，甚至所處的社會階級、國家和民族上，偏偏別人都得以倖免，置身事外。

我非常了解這種情形，因為我也曾是其中的一分子。

人生是一連串的難題。你要解決它還是哭哭啼啼一輩子？你是否能把排難解紛的方法傳授給下一代？

解決人生難題最重要的工具是紀律。某方面的紀律只能解決一部分問題；唯有完整紀律才能解決全部的問題。

生活的真正難處在於：面對問題，尋求解決之道，是一段非常痛苦的過程。各式各樣的問題使人沮喪、悲哀、痛心、寂寞、內疚、懊惱、憤怒、恐懼、焦慮，甚至絕望。這些都是令人不舒服的感覺，有時比肉體的痛苦更難以承受。正因為各種衝突造成的痛苦是如此強烈，我們才開始正視問題。也正因為人生總是問題不斷，我們才覺得生活苦樂參半，甚至苦多於樂。

但生命的真諦就在於面對與解決問題的過程。問題能啟發人的智慧，激勵人的勇氣。學校故意為孩子設計問題，令他們解答，自有一番道理。我們的心靈在尋求解決問題的當中摸索成長的道路，問題的解決與否於是成為成功與失敗的分野。美國開國先哲富蘭克林說得好：「只有痛苦會留下教訓。」聰明人學會在問題來臨時不畏懼逃避，反而迎上前去，坦然迎向隨問題滋生的痛苦。

很多人缺少面對問題的智慧，幾乎所有人都有點因為怕痛苦而規避問題的傾向。有人因循苟且，希望問題自行消失；有人視而不見，希望它因此不存在；還有人利用麻醉物和毒品來麻醉感官，把引起痛苦的問題排除在記憶之外。

規避問題與痛苦的動機是一切心理疾病之源。由於幾乎每個人或多或少都有這種傾向，所以大多數人心理都不能算是百分之百的健康。有些人逃避問題的手段非常偏激，不惜摒棄常態的一切，藏身於刻意營造的幻想世界，跟現實完全脫節。心理大師榮格一針見血地指出：「精神官能症是正當痛苦的替代品。」

但逃避帶來了更大的痛苦，精神官能症本身反而成了最大的問題。很多人為了進一步逃避新的問題與痛苦，只得構築一層又一層由精神官能症組成的殼，把自己重重包圍，終至不可自拔。幸好也有人勇敢面對自己的心理障礙，毅然決然透過心理治療的幫助，學習承受正當的痛苦。

在逃避問題所產生的痛苦之時，我們也錯失了問題帶來的成長機會。長期心理疾病會使人停止成長，如果不加以治療，心靈就萎縮了。

促使心理健全發展的唯一方法，就是體認受苦的價值，面對問題，勇於承擔相隨而來的痛苦。前面說過，紀律是解決人生難題最重要的工具，也是受苦的工具。它幫助我們在處理問題的過程中堅定不移，得到成長與學習的益處。

我所謂的紀律，是一套面對痛苦的積極原則，分為四個要點：不逞一時之快、承擔責任、忠於真相、保持平衡。這些都是十歲小孩就能實踐的簡單原則，但有時即使貴為一國之君，也會因忘記這些紀律原則而自取滅亡。

問題不在這些原則好不好，而在於你要不要用。它們都是用來面對痛苦的工具，所以一心想逃避痛苦的人，也就用不著了。下面先詳加分析這四種工具，接著再討論它們背後的原動力——愛。

2 不逞一時之快

有位三十歲的財務專家來就診，希望能糾正拖延工作進度的壞習慣。第一個月，我們檢討了她對老闆的觀感，以及她對上級行使權威，尤其是父母權威有何想法。我們也討論她對工作與成就的看法，這對她的婚姻、性別認同，以及她憂慮自己與丈夫競爭的心態有何影響。但這整套心理分析的過程，似乎完全觸及不到問題的癥結。

直到有一天，我們終於闖入了一個顯而易見，卻一直被忽略的領域。我問她：「你喜歡吃蛋糕嗎？」她答喜歡。我繼續問：「你比較喜歡吃蛋糕，還是蛋糕上的糖霜？」她興高采烈地回答：「哦，當然是糖霜囉！」我又問：「那麼你怎麼吃蛋糕呢？」她說：「那還用問！我先吃完糖霜才吃蛋糕。」

我們就從吃蛋糕的方式重新檢討她處理工作的態度。不出所料，她在上班第一個小時內，就先把容易的部分做完，剩下時間都用來規避棘手的差事。我建議她，強迫自己第一個小時先處理掉不愉快的工作，剩下的時間就輕鬆了。我解釋給她聽，如果一天工作七小時，一小時的痛苦加上六小時的愉快，顯然比一小時的愉快加六小時的痛苦划算。她是學財務管理出身的，所以完全同意我的看法。也因為她是個意志堅決的人，從此克服了拖延的毛病。

調整苦樂順序

不逞一時之快，就是重新安排生活中快樂與痛苦的順序。先面對痛苦，把問題解決，事後享受到的快樂會更大。這也是唯一正確的生活方式。

從五歲起，就可以開始學習不逞一時之快的安排方式。例如輪流玩的兒童遊戲，小孩子如果讓玩伴先玩，自己等到最後，一定更能享受沒有人催促，好整以暇的樂趣。六歲的孩子已經可以學習吃蛋糕時不先把糖霜吃完，滋味會更好。小學家庭作業是訓練孩子先苦後樂的最佳教材。孩子滿十二歲時，應該已經可以不需父母敦促，就先做完功課再看電視。十五、六歲以後，這樣的表現已經是常態。

但是，教育工作者都有經驗，青春期的大孩子很多不見得符合所謂的「常態」。不少十五、六歲的青少年根本沒有等一下再享受的觀念，而這些人多半成了問題學生。儘管他們智力不輸人，成績卻因不肯用功而落後一大截。他們做什麼事全憑衝動，心血來潮就蹺課，甚至打架、嗑藥、跟警方發生衝突都是家常便飯，「先享受後付款」是他們的座右銘。

這時求助於心理治療往往為時已晚。只憑衝動行事的青少年不喜歡被干預，即使治療人員能以親切公正的態度贏得他們的友誼，這些孩子也很難積極參與治療過程。他們逃避成習，種種努力往往以失敗了結，最後甚至退學，繼續失敗的生活模式：陷入不幸的婚姻、遭到意外事故，淪落精神病院或監獄。

這是為什麼？為什麼大部分人都能養成不逞一時之快的克制力，卻也有少部分人失敗？答案迄今尚無定論，也缺乏科學證據。基因的影響不明顯，各種變數也不能用科學方法充分加以控制，但絕大多數跡象都指向家庭教育的重要性。

缺乏自律的孩子不見得家教不嚴。事實上，很多人經常在家中受到嚴重的體罰，偶有小過就遭父母拳打腳踢、抽耳光、鞭打等。但是沒有紀律做後盾的管教，不具任何意義。

這主要是因為父母本身也無法自律，做孩子的榜樣。這種父母常說：「照我的話做，不要學我的樣子。」他們在子女面前酗酒；在子女面前大打出手；完全不講自制、尊嚴、理性。他們偷懶、背信；把自己的生活搞得一團糟，卻強迫孩子建立有秩序的生活。如果父親三天兩頭痛毆母親，那麼母親在兒子打妹妹時責打他，又有什麼意義？要求他控制自己的情緒又有什麼用？小孩子缺乏比較的對象，他們心目中父母就是神，把父母處理事情的手法都視為理所當然。父母有嚴格的自律、自制、自尊，生活得井然有序，孩子就會打內心深處相信這是生活的最高準則；父母生活漫無目標，做事恣情任性，孩子看在眼中，一樣會視之為生活的不二法則。

愛心勝過一切

不過，愛心比角色模範更重要，即使最亂糟糟的家庭，也可能有真愛存在，並且培養出懂得自律的孩子。反倒是醫師、律師、慈善家等學有專長、業有專精的父母，儘管有嚴謹生活的外表，若實質上缺少愛心，他們教養出來的孩子，說不定比貧窮破碎家庭出身的人，更不把紀律放在眼裡。

愛心是最重要的元素。我們愛一件東西，就會肯定它的價值，樂於花時間在它身上。試著觀察一個首度擁有自己的摩托車的青年，看他花多少時間洗車、為車打蠟、欣賞它、整理它；或觀察一個上了年紀的人如何照顧他的花園：澆水、施肥、修剪、除蟲、接枝、移植⋯⋯，常是無微不至，盡心盡力。

愛自己的孩子也是如此。我們會花難以計數的時間欣賞、照顧、陪伴他們。良好的紀律需要時間培養。如果不給孩子時間，就不可能仔細的觀察，也無法體會他們用極其微妙的方式表達的求助訊號，甚至在孩子顯然需要加強紀律訓練時，還是基於放縱比較省事的立場，無視孩子的真實需要。到了不得不採取行動控制情況的當下，我們常是一肚子怨氣，根本不願深入了解問題，一味用嚴酷的責罰出氣。

換了肯花時間在孩子身上的父母，問題發生之前，就能對症下藥，用稱讚、鼓勵和責備，巧妙地糾正孩子發展的方向，使問題消失於無形。他們會注意孩子吃蛋糕、做功課、撒謊或規避問題的方式，他們會仔細傾聽孩子，這兒收緊一點，那兒放鬆一點，用小小的申誡、小小的教訓、親吻和擁抱或不經心的拍一下肩膀，讓一切差錯都能在擴大之前及時糾正過來。

可以斷言，充滿愛的家庭在教育品質方面，絕對高於缺乏愛的家庭。富於愛心的家長在花時間觀察孩子、衡量孩子需求的同時，常面臨痛苦的抉擇，而且結結實實陪同孩子一塊兒受苦。孩子對這種事不可能一無所覺。他們非常清楚地知道，父母正心甘情願地陪他們受苦，雖然他們不見得會立刻流露心中的感激之情，但會因此學到受苦的真諦。他們會告訴自己：「如果父母願意陪我受苦，受苦一定不是壞事，我也該承擔起自己的痛苦才對。」這就是自律的起點。

父母在孩子身上投注時間的多寡與品質，足以讓孩子明白自己受父母重視的程度。有些根本不愛子女的父母，為了掩飾自己的失敗，會一再機械化地告訴孩子自己多麼愛他們，多麼重視他們，但卻吝於在孩子身上投注心力。孩子不會長期被蒙蔽。表面上他們或許會假裝相信父母的謊言，牢牢抓住不放，希望相信自己是被愛的，但潛意識裡，他們完全了解父母言行不一代表的是什麼。

珍惜自我價值

另一方面，真正擁有父母親情的孩子，即使偶爾賭氣抱怨受到忽視，潛意識裡卻很明白事實並非如此。自覺有人珍惜的孩子，自然就會珍惜自己，這種認知可貴甚於黃金。

「我是個有價值的人。」這種自知之明，是健全心理的要素，也是自律的基礎。

它直接源於父母的愛。這樣的自信必須自幼培養，成年後再想建設就事倍而功半了。從小沐浴在愛心當中的孩子，即使成年後遭遇種種波折，也因著堅強的自信而不至於滅頂。

珍惜自我之所以如此重要，是因為當人肯定自我價值時，就會採取一切必要的措施來照顧自己，而照顧自己就是自律的真正意義。

以前面談到的不逞一時之快為例，如果我們珍惜自己，也就會珍惜時間，充分利用時間。那位拖延工作進度的財務分析家，她的問題就出在不珍惜時間，否則她不會容許自己把大半天光陰，都虛擲在既不快樂又沒有生產力的逃避行為當中。童年時，雖然親生父母並非沒有能力照顧她，但每逢學校假期，父母都花錢送她去「養父母」家寄養。

這件事顯然造成後遺症。父母不重視她，不願意照顧她，使她覺得不值得養成自律的習慣。儘管她聰明能幹，自我評價卻很低；她不在乎自己的時間，所以必須從最基本的自律學起。人一旦了解自己時間的價值，就會重新整頓時間表，做最好的運用。

幸運的孩子在童年期能享有父母言行一致的愛與照顧，成年後不但建立起堅強的自我價值感，也極具安全感。所有的小孩都有充分理由害怕被遺棄。大約從六個月大開始，孩子開始察知自己是獨立的個體，與父母是分離的。這種認知立刻使孩子發現，自己相當無助，必須倚賴父母才能生存，被父母拋棄無異宣告死亡。

再怎麼粗心的父母，對孩子害怕被拋棄的恐懼心理都有敏銳的直覺。他們會隨時向孩子保證：「爸媽永遠不會丟下你」、「爸媽永遠不會忘記你」。如果這些口頭保證有行動配合，到了青春期，孩子的恐懼就會隨時間消失，他們相信這世界很安全，隨時能得到保護。內心充滿安全感的孩子，不會覺得有逞一時之快的必要，因為他知道需求隨時有機會得到滿足，大可等到最適當的時機。

但很多人未必有這種運氣。有人自幼就接觸到死亡、遺棄、忽視。有些孩子即使並未遭遇此類不幸，也可能得不到父母適時給予愛的保證。某些父母為了管教上的方便省時，不惜運用恐嚇的手段。他們殘忍地告訴孩子：「不照我的意思做，我就不愛你了。你自己想想，你會落得什麼下場。」父母用控制與專制取代愛心，使孩子對未來懷有超出事實的惶恐，危機感會一直持續到他們成年以後，所以他們寧可透支眼前的快樂。在他們眼裡，將來太渺茫，太不可靠，將來的承諾即使比現在美好很多倍，也未必會實現。

所以，要培養孩子不逞一時之快的定力，必須提供他們學習自律的榜樣。理想上，這份「財富」最好來自父母前後一致、真心愛護的態度。這是父母送給子女最好的禮物。

天下無難事

我到三十七歲才學會修理東西。在這之前，無論修水管、電燈、根據說明書裝配玩具或組合家具，我都一竅不通。雖然我讀完醫學院，成了家，在心理醫療與行政管理方面都勉強算得上小有成就，但一碰到機械方面的事，我就束手無策。

三十七歲那年，一個星期天，我散步時看見鄰居在修理割草機。我無限羨慕地說：「你真行，我從來不會修理任何東西。」他毫不猶豫地答道：「那是因為你沒有花時間嘗試。」我繼續散步，但心情因他這句看似簡單、卻又頗富深意的話產生很大的震撼。

我自問：「他說的是事實嗎？」不久，我就有個機會求證這個疑問。一位朋友的汽車手煞車卡住了。她知道儀表板下面有個開關，但不知道開關的位置，也不知道是什麼形狀。我先設法讓自己放輕鬆，然後開始仔細觀察。雖然看不懂眼前一大堆的電線、管子、桿子有什麼作用，但我慢慢找出了與煞車有關的機件是哪些，而且也弄明白了運作的程序，最後我找到了那個使手煞車放不下來的小開關。我又研究了一會兒，發現只需用小指頭往上一撥，問題就迎刃而解。一流的機師也未必能做得比我更好！

由於本行與機械無關，我既沒有專業知識，也沒有太多時間處理機械上的問題，所以大多數情況下，我還是寧可求教於修理工人。但我現在知道，這麼做是出於我自己的抉擇，而不是因為我先天少了處理機械的才能。我也相信，除非有智力障礙，任何人只要肯花時間，沒有解決不了的問題。

這一點非常重要，很多時候往往是因為當事人沒有投入足夠的時間，才無法消弭知識、社交、心理各方面的問題。如果我在機械方面不是忽有所悟，我一定只是把頭伸到座車的儀表板下，莫名其妙地扯幾下電線，得不到什麼結果後，隨便攤攤手說：「我沒辦法啦！」很多人處理日常生活碰到的問題，不也正是這樣的態度嗎？

前面提到的那位財務專家，其實是一位充滿愛心，也相當盡力的母親，但就是管不好自己的兩個孩子。孩子在情緒或管教方面出了問題，她很快就有警覺，但通常只有兩種對策：要不就是照心頭閃現的第一個念頭調整現況——逼孩子多吃點早餐，或強迫他們提前就寢，也不管這麼做是否有助於解決問題；要不就滿懷沮喪地來找我，說：「我一籌莫展，不知道該怎麼辦。」

這位女士很聰明，不推三阻四時，處理工作難題的能力很強，但一碰到私人問題，表現就會完全失常。其實問題癥結就在時間上。私人問題總令她覺得狼狽不堪，只想快點脫身，而不願多花時間適應這種不舒服的感覺，從頭開始分析問題。雖然解決問題會帶來滿足感，可是搪塞逃避卻能縮短她與問題接觸的時間。結果她的解決方法永遠無法針對問題核心，她的家庭也因而陷入長期混亂當中。

一碰到問題就希望立刻解決，可說是最原始，也最具破壞性的反應。這種態度與希望它會自動消失的一廂情願心態，可說是如出一轍。

但是，問題是不可能自動消失的。這是個不幸的事實：問題若不解決，就會永遠存在，永遠阻撓心靈的成長。

逃避痛苦，無視痛苦的態度，都肇因於不肯放棄一時之快。我們已知道，面對問題必然是一場痛苦的經驗。趁早面對問題，就代表放棄目前的安逸，願意正視痛苦。這麼做的報酬，是將來能享受真正的愉快與滿足。

曾經有位帶兵打仗的將軍告訴我：「部隊裡最大的問題在任何組織當中都存在，那就是絕大多數的主管只會傻坐在辦公室裡瞪著問題發呆，什麼也不做。好像只要他們瞪得夠久，問題就會消失不見似的。」這位將軍指的可不是意志薄弱的普通人，而是一批能力經過證實，且受過嚴格紀律訓練的軍官。

為人父母的職責，往往有如企業主管指揮一家公司般，身負重任，可是很多父母未必有如此的心理準備，他們像前述的軍中主管一樣，坐等好幾個月，甚至好幾年，才開始嘗試實際去了解子女的問題，改善親子之間的關係。

有位家長，為一個已經持續五年的問題向兒童心理學家求教。他說：「本來以為他長大一點就自然而然會好的。」當然，教養小孩是件複雜的事，父母往往難以抉擇，而且有些問題也確實「長大就會好」，但是在孩子成長過程中施以援手，設法進一步了解他們的問題，絕對有益無害。長大也解決不了的問題很多：跟其他所有問題一樣，拖愈久愈惡化，到時再尋求解決就更困難，也更痛苦。

3 承擔責任

如果我們不正視人生難題，問題就永遠無法解決。

這句話看似老生常談，很多人卻無法懂得其中道理：我們必須先扛起解決問題的擔子，才能解決問題。只說一句「這不是我的問題」，毫無助益；光是期待別人來解決問題，問題不會消失；唯一的辦法是挺身站出來說：「這是我的問題，我來解決。」

有很多人——太多人——為了逃避隨問題而來的痛苦，會告訴自己：「這個問題是別人害我造成的，或者是我無法控制的社會因素造成的，所以應該由別人或社會負責替我解決。這不是我一個人的問題。」

逃避責任的心態不但令人遺憾，有時還顯得相當可笑。我隨部隊駐紮在沖繩時，遇到一位美軍士官，他因嚴重的酗酒問題，經轉介來找我做心理治療。這位士官否認自己飲酒過量，也拒絕承認酗酒是他個人的問題。

他說：「沖繩晚間無事可做，太無聊了。」

我問：「你喜歡看書嗎？」

「是啊，我喜歡看書。」

「那你晚上何不用看書來代替喝酒呢？」

「營房裡太吵了，看不下書。」

「那麼去圖書館怎麼樣？」

「圖書館太遠了。」

「圖書館會比酒吧更遠嗎？」

「好吧，我承認我沒那麼愛看書。我本來就不是個愛讀書的人。」

我換個話題繼續問：「你喜歡釣魚嗎？」

「喜歡啊。」

「何不用釣魚取代喝酒？」

「因為我白天得工作啊！」

「晚上難道不能釣魚？」

「不行啊，沖繩晚上沒有釣魚的地方。」

「不會吧。我就知道好幾個夜間釣魚的俱樂部，我介紹你去參加，好嗎？」

「呃，其實我也不那麼喜歡釣魚啦。」

我說：「聽你的意思，好像沖繩一帶，除了喝酒就沒有別的事可做。可是事實上，我看你在這兒唯一喜歡做的事就是喝酒。」

「唔，我想是吧。」

「可是喝酒帶給你不少麻煩，像這次你麻煩就不小，不是嗎？」

「我有什麼辦法！這個該死的小島就是逼得人非喝酒不可！」

我們嘗試了很久，這位士官就是不肯把酗酒當作可以靠毅力，再加上外界一點幫助就能解決的問題。最後我只好告訴他的司令官，我無能為力。他繼續酗酒，終於被撤職，軍人生涯就此斷送。

精神官能症與人格失調症

向心理醫師求助的人大多不是患有精神官能症，就是有人格失調症（Character disorder）的問題。簡單來說，這兩種狀況都是責任感出了問題，但它們表現的症狀卻正好相反。精神官能症患者強加給自己過多的責任；人格失調症患者卻凡事不肯負責。每當與外界發生衝突，精神官能症患者都一定認為錯在自己，人格失調症患者卻一口咬定錯在別人。上述那位士官就是人格失調的好例子。

我在沖繩服務期間，還遇見一位有精神官能症的婦人，成天覺得寂寞孤單，她說：「我每天都開車去軍眷俱樂部，希望能交到一些朋友，但我在那個地方總是坐立不安。我覺得別的軍眷都討厭我，一定我有什麼不對勁。我大概太內向了，我該學著外向一點。我真的不明白為什麼我這麼不受歡迎。」

這位把生活寂寞完全怪罪到自己頭上的不幸婦人，在治療過程中，發現癥結在於她的智力優於常人，而且野心也比普通人大，這是她跟其他軍官之妻，以及自己的士官丈夫格格不入的最主要原因。她了解寂寞的感覺並非源於自身的缺點以後，終於決定離婚，重回大學讀書。現在，她在一家雜誌社當編輯，並改嫁給一位事業成功的出版商。

精神官能症患者與人格失調症患者連說話的口吻都不一樣。精神官能症患者老是把「我應該」或「我不應該」掛在嘴邊，顯示他們自覺任何事都沒有選擇權，一切都要聽從外來力量操縱。

不難想像，精神官能症治療起來遠比人格失調症容易，因為患有精神官能症的人相信困難應由自己負責，而且承認問題出在自己身上。人格失調症患者卻會冥頑不靈地堅持：應該調整的是外在世界，而拒絕任何的自我反省。

現實生活中，很多人都兼具精神官能症與人格失調症兩種症狀。這種通常很輕微的心理問題，統稱為「人格精神官能症」（character neurotics）。這些人在某些方面，會把不該他們負的責任攬到自己頭上，滿懷罪惡感，在其他方面，卻又硬把明明該負的責任往外推，死不認帳。這種症狀治療不難，只要能治癒這種人的精神官能症，就能使他們對治療方法建立信心，從而願意在醫師的敦促下，正視原來不願承擔的問題，解除人格失調的障礙。

幾乎所有人都不免有點精神官能症或人格失調症的傾向（所以只要出於自動自發的參與，心理治療幾乎對每個人都有益），原因在於變化多端的人生當中，評估自己該為什麼事負責，是個永遠存在的難題。為了能基於良心做出最適當的抉擇，當事人必須不斷自省。這過程相當痛苦，而好逸惡勞卻是人的天性。

在某種意義上來說，所有小孩都有人格失調的現象，他們都會直覺地逃避責罰，不肯為衝突負責。兄弟姊妹打架，長輩追究時，大家一定互相推卸過錯。同樣的，也幾乎所有孩童都患有精神官能症，他們把超出理解能力以外的身受之苦，都當作是自己的罪過。得不到父母歡心的孩子只會認為自己不夠可愛，卻不會認為父母缺乏愛人的能力；青春期的孩子得不到異性青睞，或在運動方面表現笨拙，也都相信是自己的缺點。人需要累積多年經驗與心智成長，才能看清這個世界和自己在其中的地位，從而確實評定我們對世界和對自己該負哪些責任。

孩子成長過程中，父母可以提供很多方面的助力，但是迎合孩子的需要是件艱辛的長期工作，父母必須隨時保持敏感，並且投注相當多的時間。

很多儘管不能算是麻木不仁，也無意忽略子女的父母，還是可能做出妨礙下一代邁向成熟的行為。輕微的精神官能症患者，如果不至於因為在工作上搶著承擔太多不必要的職責，弄得回家後沒有精力挑起為人父母的擔子，倒是一流的家長人選。但人格失調症患者幾乎千篇一律都是不稱職的父母，他們對待孩子的態度惡劣到極點時，自己還是一無所覺。

心理醫學界公認：精神官能症患者會把自己整得很慘，而被人格失調症患者修理的倒楣人士當中，首當其衝的就是他們的子女。人格失調症患者不願好好承擔為人父母的責任，他們會千方百計把孩子推給別人照顧，處理生活中其他事情也一樣。萬一孩子的操行或學業出了問題，這種父母一定理直氣壯地把過錯全怪罪給教育制度，不然就是別的大人或小孩「帶壞了」他們的孩子。

人格失調的父母經常責備孩子：「你快把我逼瘋了！」或「要不是因為你們這些小鬼頭，我才不會跟你們的爸（媽）結婚呢！」或「要不是為了撫養你們，我本來可以讀完大學，做一番大事業的。」他們不但是孩子逃避責任的榜樣，這些遁辭還告訴孩子一個訊息：「你們必須為我的婚姻失敗、我的心理健康、我的生活潦倒負責。」由於孩子沒法了解這種要求多麼不合理，往往就信以為真，接受責任。這麼一來，孩子反而成為精神官能症患者。所以人格失調父母的孩子，幾乎都有人格失調或精神官能方面的問題，可說是遺禍後代。

人格失調症患者不但不適合做父母，他們的婚姻、交友、生意往來各方面也都問題重重。前面已經說過，問題一定要有人挺身解決才會消除，照人格失調者的作風，責任都推給別人，如配偶、孩子、朋友、父母、老闆，或歸咎於學校、政府、種族歧視、性別歧視、社會、制度等等，而問題就這樣一直持續下去。

他們把責任推出去時，可能覺得非常痛快，但生活的難題不能解決，心智停止成長，使他們成為社會的負擔。正如六〇年代傳下的一句名言：「如果你不是解決方案的一部分，就是問題的一部分。」

做自己的主人

經過精神科醫師診斷為人格失調症患者的人，通常逃避責任的情況已極為嚴重。但幾乎每個人都偶爾會有想逃避責任帶來的壓力的念頭。以我自己為例，多虧我在三十歲時遇見了貝吉里醫師，才克服了輕微的人格失調傾向。

當時我在貝吉里主任的精神科門診部擔任住院醫師，同時接受訓練。我和其他住院醫師輪流診視來看精神科門診的新病人。或許因為我對病人和自己的教育都比別人更投入，所以工作時間特別長。別人一週只看一次病人，我卻要看兩、三次，落得我眼睜睜看著別人下午四點半就下班，我卻跟病人排了晚上八點或九點的約診，這使得我心情非常惡劣。當我的不滿日益升高，疲倦感也愈來愈強烈時，我自知非設法改善不可。

我去找貝吉里醫師，跟他說明情況。我希望他豁免我接新病人幾個星期，讓我有充分時間把舊個案處理掉。貝吉里十分用心而且耐心地聽我訴說，完全沒有打斷我。我說完以後，他沉默了一下，很表同情地說：「唔，我看得出，你確實有個麻煩。」

我見他如此體諒，心情頓時一鬆，笑著說：「謝謝你，你認為我該怎麼辦呢？」

他回答：「我已經告訴你了呀，你有個大麻煩了。」這種牛頭不對馬嘴的答覆，使我有點不悅。我再問：「沒錯，我知道我有麻煩，所以才來找你，你認為我該怎麼辦？」

他說：「派克，你顯然沒有好好聽我說。我已經聽了你說的話，我同意你的看法，你實實在在麻煩很大。」

我衝動地說：「真是見鬼了，我知道我有麻煩，我來之前就知道了。問題是我該怎麼辦？」

他說：「派克，你好好聽我說，我只再講一遍。你有了麻煩，說得更明白點，你的麻煩與時間有關。那是你的時間，不是我的時間，所以也不關我的事。你在處理自己的時間上出了問題。你，派克這個人，在處理你的時間上有困難。我要說的話就到此為止。」

我怒火中燒，猛一轉身大步踏出貝吉里的辦公室。我的憤怒久久不能平息，足足恨了貝吉里三個月。我相信他一定患有嚴重的人格失調症，否則怎麼可能對我提出的問題如此無動於衷？我客客氣氣請他幫個小忙，請他提供小小的建議。這個混蛋連這麼小的責任都不肯負，還當什麼主任！

轉念思考

但三個月後我忽然想通了。

我明白貝吉里沒有做錯。人格失調的人是我，不是他。我該對如何運用時間負責，只有我能決定處理事情的優先順序。我在工作上投注比同事更多的時間，那是我的抉擇，抉擇的後果也該由自己負責。目睹同事比我早兩、三個鐘頭下班是件痛苦的事，回家聽太太抱怨我不顧家也是件痛苦的事，但這些痛苦是抉擇的一部分結果。如果我不想受這些苦，大可換一種工作方式，重新安排時間。我的工作負荷特別沉重，並非是出於命運殘酷的擺布或狠心主管的逼迫，這是我選擇的生活方式，我決定的優先順序。

想通以後，雖然我的生活形態並無改變，但態度變了。我再也不憎恨其他比我早下班的住院醫師——為了他們選擇跟我不一樣的生活方式而恨他們，實在是毫無道理。若是我要，根本就可以過一模一樣的生活。恨他們其實就是恨自己做出與眾不同的選擇。其實，我對自己的選擇相當自豪，暗中沾沾自喜呢！

對自己的行為負責的困難之處，就在於行為的後果會帶來痛苦。要求貝吉里醫師負責為我安排我的時間，就是企圖逃避延長工時帶來的痛苦，但這是我選擇獻身給病患與專業訓練無可避免的後果。我去找貝吉里，無異是要求他控制我，掌管我的自由，我等於是說：「請當我的主人來管我。」

每當我們企圖逃避為自己負責時，會千方百計把責任交到別的個人或組織手中。這麼一來，也就把權力交給了所謂命運、社會、政府、獨裁者、老闆。當代心理學分析家佛洛姆把其所著關於討論納粹主義與威權主義的專論，命名為《逃避自由》（*Escape from Freedom*），實在很有道理。為了逃避責任帶來的痛苦，不計其數的人天天都在逃避自由。

我有一個聰明但生活很不愉快的朋友，他經常振振有辭地抱怨各種社會病態、種族歧視、缺乏人性的工業組織、警察干預他和他的朋友留長髮等等。我再三告訴他，他已經不是小孩子了。小孩子凡事倚賴父母，因此一切都得由父母作主，碰到專斷的雙親，小孩只有聽話的分，幾乎沒有選擇的餘地。但是一個四肢健全、頭腦清醒的成年人，在選擇時幾乎不受任何限制。可是自由不等於與痛苦絕緣。人往往只能「兩害取其輕」，但至少選擇大權自行掌握。

我同意世上存在著迫害的力量，可是我們握有如何面對這些力量的選擇權。

我的朋友選擇住在一個排斥男人留長髮的保守鄉下，又堅持要留長髮。其實他大可搬到態度比較開放的城市或剪掉長髮，甚至還可以出馬競選警長職位。怪的是，儘管他那麼聰明，卻完全沒想到自己擁有這些選擇權，只是抱怨自己缺少政治影響力，卻不設法加強個人影響力。他自命熱愛自由，但每當他指責那些壓迫他的力量時，其實都在放棄本身的自由權。我只希望有朝一日，他會不再因為人生有許多充滿痛苦的抉擇而憎恨人生。

4 忠於真相

忠於真相是建立紀律、解決問題、痛苦的第三種工具。表面看來很簡單：真相符合事實，虛假則否。把世界的真相看得愈清楚，處理各種問題就愈能得心應手。

我們對現實的種種看法，交織成一張心靈地圖，有助我們在人生路途上行進。對現實的認識愈清楚，地圖愈正確。但很多人並沒有興趣了解現實，有些人在青春期以後就放棄了這方面的努力。他們的地圖窄小含糊，對世界的認識也偏狹而錯誤百出。還有很多人，中年以後就不再改進自己的地圖，他們自以為地圖已經盡善盡美，世界觀也毫無瑕疵（甚至神聖不可侵犯）；他們對新資訊再也沒有興趣了。

繪製這樣一份地圖，最大的困難在於它需要不斷修訂：世界不斷在變，冰河來了又去，文化盛極而衰，人用以觀察這世界的立場更是變化迅速。倚賴成人的小孩會長成被人倚賴的大人，但生病或衰老時，力量再度消失無蹤。生兒育女使我們的世界改觀，孩子逐漸成長，我們的心情也跟著改變。每天出現的新資訊，累積成重大的修訂工程，修訂的工作往往令人痛苦，可是不做就可能成為病源。

人經過長時間努力，才完成一幅具世界觀的地圖，而且似乎是很有用的地圖。所以當新資訊暗示過去的觀念不再正確，需要大幅修訂時，我們往往刻意忽視它。忽視行動包括指斥新資訊是錯誤的、異端邪說，甚至出於惡意的擺布。我們企圖操縱周遭的世界，使它配合我們的地圖。為了避免修訂地圖，不惜摧毀新的現實。耗費遠比修訂觀念多出許多倍的精力去保衛過時的觀念，真是可悲的事。

放棄過時的地圖

在堅持過時的觀念不放，罔顧現實的過程中，往往產生了心理疾病。每個心理學家對「移情作用」（transference）的定義不一，我的定義是：一套童年時代發展成功，而且在童年時代很適用的觀念與反應，被不當轉移到成年人的世界裡。

感情轉移的過程可能很微妙，而後果極具破壞性。例如有位三十來歲的病人，因移情作用而宣告治療無效。這位病人是極其聰明卻失意的電腦技術員，因為妻子帶著兩個孩子離去，因此來向我求助。他並不在乎妻子，但失去鍾愛的孩子令他非常難過。妻子聲明除非他接受心理治療，否則永遠不會回來。為了爭回孩子，他決定接受治療。妻子不滿他經常沒來由地妒忌，但同時對她卻冷漠無情，不願花心思溝通。他不斷更換工作也令她難以忍受。

從青春期開始，他的生活就很不穩定，常與警察發生小摩擦，並曾因醉酒、挑釁、遊蕩、妨礙公務等罪名三度入獄。大學念一半，就由電機系輟學，理由是：「教授都是偽君子，跟警察一樣都不是好東西。」憑他的聰明與創意，在電腦界找工作輕而易舉，可是沒有一份工作超過一年半，升遷更是無望，最後不是被開除，就是跟主管爭吵而辭職。

他的口頭禪是：「你不能相信任何人。」他自稱童年期很「正常」，父母也「過得去」，但談話中，他多次提到父母讓他失望的往事。父母曾答應送他一輛腳踏車做生日禮物，後來卻忘記了，送了別的東西，有次甚至忘了生日這回事。可是他不覺得這有什麼大不了，因為「他們太忙了」。答應與他共度週末，也因太忙而取消。好幾次甚至忘了到約定的地方接他，因為「他們有太多心事」。

這個人的問題在於小時候因父母不關心，一再遭受失望的打擊，發現父母不可信任。了解這一點以後，日子開始比較好過。他不再對父母抱任何期望，把他們的承諾當成耳邊風。不信任父母後，失望的次數與痛苦的程度就奇蹟似地減少了。

但這種調整方式後患無窮。父母是孩子全部的世界，他沒機會看到其他作風不同、表現較佳的父母，他以為自己父母的處事態度是唯一的方式。最後他的結論不僅是「父母不可信任」而已，他會認為「任何人都不可信任」。不信任成為人生的地圖，帶著他邁入青春，進入成年。

他有很多修訂心靈地圖的機會，但不曾好好掌握。首先，要學會世界上有些人值得信任之前，必須先冒險信任他們，這麼一來，就偏離了他原來的地圖。其次，這樣的認識會改變他對父母的看法。他必須承認，原來父母並不愛他，他的父母根本不算合格，自己的童年也不算正常。這無疑是很痛苦的。最後，因為「不信任別人」是根據實際經驗所做的調整，這樣的調整讓他減輕不少痛苦，效果極為良好，所以要放棄它而重頭再來，也就格外困難。

於是兩個孩子變成他僅有能保持親密關係的人。他可以控制孩子，但他們沒有能力控制他；全世界他只能信任這兩個人。

移情現象的心理治療，可視為一件修訂地圖的工程。病人來求助，主要是因為舊地圖已經不管用，但他們仍然抱著舊有觀念，抗拒一切改變。有時他們的反抗過於強烈，治療也毫不見效，我這位病人就是如此。

一開始，他要求每週六來就診，來了三次以後，他找到一份週末兼差工作，所以無法繼續。我建議他週四晚間來，兩週以後，他又因工廠加班必須中斷。我重新調整自己的日程，請他改在他認為比較不可能加班的週一晚上。來了兩次以後，他週一晚上又得加班了。

我問他，是否真的是情況使然，以致無法繼續接受治療。他承認，其實公司沒有要求非加班不可，但是他堅持自己需要額外的收入，而且工作比治療更重要，如果週一晚間有空來看我，當天下午會打電話通知我。我說我不可能騰出每週一晚上，機動性地配合他，我也有自己的計畫。他認為我太苛刻，不夠關心他，因為我把自己的時間看得比他重要，所以我是個不值得信任的人。這段治療關係到此結束，我成為他舊地圖上一個新的里程碑。

移情作用不僅存在於心理醫師和病人之間。父母與子女、夫妻、勞資雙方、朋友、各種團體及國家之間，都會發生這種問題。感情轉移問題在國際關係中扮演著非常有趣的角色。一國的元首同樣是人，他們的童年經驗塑造了一部分的人格。希特勒擁有一份什麼樣的心靈地圖？越戰從開始到結束，歷經三任美國總統，他們各自有什麼樣的心靈地圖？美國三〇年代的經濟大蕭條，對上一代的心靈造成什麼影響？在五〇到六〇年代成長的一代，心靈又呈現什麼情況？七〇年代的美國反戰風潮跟這些心靈地圖是否有密切關係？若適度調整心靈地圖，能否消弭很多衝突？如何能更迅速地修訂自己的心靈地圖？

逃避由現實引起的痛苦是人的本能，唯有靠自律才能克服這樣的痛苦。我們必須忠於真相，把它看得比舒適更重要，甚至在尋求真理時，欣然迎向所有的橫逆。心理健康就是永不中止、不計一切代價、為真理奉獻的過程。

樂於迎接挑戰

什麼是為真理奉獻？首先，它要求不斷嚴格地自省。人透過自身與外界的接觸來認識世界，為了能真正了解這世界，我們不但要觀察世界，也要檢討自我。

睿智的人生是思考與行動的綜合。我親耳聽過父母告訴青春期的子女說：「你想得太多了。」這句話實在很荒謬，因為人之所以為人，就在於我們的腦前葉使人有思考與反省的能力。觀察外在世界引起的痛苦絕不會像反省內在世界那麼大，當然是大多數人逃避反省的原因。但是人為真理奉獻的過程當中，痛苦會顯得比較不重要，而且在自省的歷程上變得愈來愈微不足道。

全然為真理奉獻的人生也代表著樂於接受挑戰。唯一確定自己的心靈地圖是否符合真相的辦法，就是接受其他製圖者的批評與挑戰。但是修訂會帶來痛苦，所以我們很容易選擇轉移話題，避開正面交鋒。我們會對孩子說：「不許頂嘴，我才是一家之主。」對配偶說：「得饒人處且饒人，再說下去我就鬧得天翻地覆，教你悔不當初。」老年人說：「我年紀大了，再嫌我的話，不如死了算了，你把我的晚年搞得這麼不愉快做什麼呢？」老闆對雇員說：「如果你有膽子挑戰我，最好做得圓滑一點，否則你就另謀高就吧！」

逃避挑戰的傾向可視為人性的一大特徵，但這並不代表它對我們有益或不能改變，現代人與原始人有很多不同之處，我們會學習很多不合本性的事，使它們成為我們的第二天性。其實所有的自律行為都可視為第二天性的訓練。超越本性、改變本性、學習做並非出於本性的事，正是人性的另一個重要特徵。

接受心理治療可說是最違反人類本性（因此也最具人性）的行為。因為我們在這過程中，不但完全開放自己，接受別人最尖銳的挑戰，而且還為此付出金錢。接受心理治療是非常勇敢的行為，一般人逃避心理治療，不是因為缺錢，而是缺乏勇氣。相對的，心理病人雖然給人的印象多半意志薄弱，但接受治療的勇氣，證明他們基本上比一般人更堅強。

雖然接受心理治療是迎接挑戰的態度，但去看心理醫師的人，一開始大多沒有意識到這會是一場挑戰或紀律教育，他們尋求的是「安慰」。當他們發覺挑戰即將來臨時，很多人就落荒而逃，或至少有脫身的念頭。教導這些人知道只有經由挑戰與紀律才能得到安慰，是一樁極需技巧而艱苦的工作。內行人都說，心理醫師必須「引誘」病人接受治療，有時跟病人接觸了一年多，真正的治療還沒有開始。

全然誠實過活

心理治療中常用「自由聯想」（free association）做為鼓勵病人開誠布公的手段。病人被要求「說出心中最先想到的事，如果同時有兩、三件事，就說出最不願意說的那件」。雖然說來容易做來難，但這種方法往往收效神速。可是也有抗拒心很強的人，假裝自由聯想，喋喋不休談了半天，卻故意遺漏了最重要的部分。這種病人彷彿要把心理治療改為記者會，在逃避挑戰上浪費時間和精力；他們通常都有自欺的傾向。

以樂於接受挑戰的個人或組織而言，他們為現實描繪的地圖，要隨時接受公眾審查。因此之故，全然奉獻給真理的生活，第三個條件就是全然誠實的生活。我們必須不斷反省，確定自己所做的溝通——不單是字眼，也包括說話的方式——都盡可能反映我們認識的現實。

這樣的誠實多少帶著點痛苦。一般人說謊就是為著逃避挑戰的痛苦與其他後果。水門案中，尼克森總統說謊的動機，就跟打破檯燈不願承認的四歲小孩一樣幼稚。在正當的挑戰之前撒謊，就是規避正當的受苦，心理疾病一定會隨之而生。

撒謊的對象當然不限對別人，也包括自己。調整自己的良知與現實觀念也是挑戰，跟來自別人的挑戰同樣不可避免，也同樣痛苦。自欺的謊言多不勝數，其中最常見也最具破壞性的就是「我們好愛孩子」和「父母好愛我們」。這可能是事實，但即使不是，大多數人也不肯承認。我常說，心理治療就是一場「說真話的遊戲」，我們最重要的工作，就是使病人面對這些謊言。

心理問題的痛恨千篇一律，都在於自欺與欺人的謊言交織成一片綿密的網，只有靠絕對誠實的氣氛才能消滅。

謊話分成兩種：白色謊言（善意謊言）和黑色謊言（蓄意謊言）。所謂黑色謊言是明知故犯的撒謊，白色謊言本身可能是事實，但是蓄意保留了大部分真相。一則謊言被冠上白色的頭銜，並不代表它不算謊話或值得原諒。政府透過檢查制度，使人民無法得知重要的資訊，不比撒謊的政府更民主。病人絕口不提透支銀行存款的事，這對治療造成的妨礙跟乾脆撒謊一樣嚴重。由於壓抑真相給人的感覺好像情節比較輕微，白色謊言反而是最常見的撒謊方式，而且因為它比較不易察覺，為害之烈遠超過黑色謊言。

社會通常基於「不想傷害別人感情」的立場而認可白色謊言，這種社會關係往往膚淺得令人惋惜。父母灌輸給兒女白色謊言，卻被視為愛的表現，即使平常能坦誠相待的夫妻，也常覺得很難以同樣開放的態度面對孩子。他們無法在孩子面前承認自己吸食大麻、夫妻爭吵、憎恨專斷的祖父母、經醫師診斷有身心失調現象、在商場投機，他們甚至不願把銀行存款的數字告訴孩子。

通常這種保留真相的行為，被視為保護孩子避免不必要憂慮的措施，但這種保護大多收不到預期的效果。孩子還是會知道爸媽前一晚針鋒相對地吵架不休、祖父母惹人嫌、媽媽神經質、爸爸做股票賠了錢。真正的結果不是保護，而是剝奪，剝奪孩子有關金錢、疾病、毒品、性、婚姻、父母、祖父母及其他方面的知識。他們沒有機會接觸開放與坦誠的角色模範，只學會支離破碎的誠實、不完整的開放及有限的勇氣。

父母用這種方式保護孩子，有時是真的以愛為出發點，只不過他們的觀念錯誤而已；但大部分的父母卻是用「保護」做煙幕，避免孩子提出挑戰，維護自己對子女的控制力。父母的行為等於是說：「聽著，孩子，你就當乖小孩，想你該想的事，大人的事讓爸爸媽媽來操心，這樣對雙方都有益，我們自覺堅強，你也有安全感。不要追究這些事，大家都比較好過。」

當衝突發生時

當追求誠實的欲望跟尋求保護的需求發生矛盾時，真正的衝突一定會暴發。比方說，即使婚姻極為美滿的人，偶爾也會考慮離婚。當然，如果父母的婚姻真的有嚴重危機，即使大人不說，孩子也會感受到潛在的威脅，但如果只是前晚吵了一架，第二天就對孩子說：「爸爸媽媽昨晚考慮要離婚，不過我們不會真的這麼做。」這就是給孩子不必要的負擔了。

還有一個例子：心理醫師在治療初期，最好不要急於發表他們的觀察結論，因為病人可能還沒有心理上的準備。我實習的第一年，有位病人敘述一場夢，夢中很明顯表現出對同性戀的焦慮。我為了表現自己的專業素養並使治療及早見效，就對他說：「你的夢表示你很擔心自己有同性戀傾向。」他立刻出現焦慮的跡象，以後三次約診他都沒有來。我花了很多工夫，加上運氣，總算說服他繼續接受治療。

他在潛意識中擔心這個問題，並不表示他已經準備妥當在意識層次討論這問題，我直截了當地說出自己觀察所得，其實對他有害而無益，很可能使他完全失去治療的勇氣。

選擇性保留個人意見的做法，對於企圖打入政治或企業核心的人也很重要。一個無論事情輕重都直言不諱的人，很容易被上級認為是桀驁不馴，也會被管理階層視為對組織的威脅。人要對組織有用，必須先或多或少成為「組織人」（organization person），發表個人意見時要有節制，而且經常向組織認同。

在諸如上述的情況下，個人的意見、感想、觀念甚至知識，都應該略加壓制。但如果要同時忠於真理的話，有什麼規則可循呢？

首先，不要說假話。其次，牢記在心，不說出全盤真相基本上就是說謊，每一個保留部分真相的決定，都是重大的道德抉擇。第三，不可出於個人欲望（例如權力欲、爭取別人的歡心、逃避修訂心靈地圖的挑戰等）而保留部分真相不說。第四，一定是為了對方的需要才選擇保留真相的做法。第五，評估別人的需要是極為複雜的責任，只有以愛為出發點，才能做睿智的抉擇。第六，評估別人需要的標準，在於他能否運用我們提供的真相獲致心靈成長。最後一點：使用這項標準時，應該經常檢討是否低估了對方接受真相的能力。

看起來，這似乎是一件非常艱鉅，永遠不可能做得很完美，也永遠做不完的工作。但是忠於真相的人生，收穫將遠超過付出的代價。態度開放的人不斷修訂他們的心靈地圖，因此會不斷成長。他們比封閉的人更善於建立和維持親密關係，他們無須掩飾，過得自由自在，沒有圓謊的煩惱。保持誠實、自律所需的精力，比一直躲藏在祕密的陰影裡少得多。敢於面對真理的人，因為有勇氣生活在海闊天空的世界，因此擺脫了恐懼的威脅。

5 保持平衡

自律實在是複雜的工作，除了勇氣，還需要彈性與判斷力。在追求全然誠實的同時，也要能在適當時機保留真相；而在為自己負責的同時，也要能拒絕不該承擔的責任。為了追求有效率、有組織的生活，必須隨時留心不逞一時之快，放眼未來；但為了生活的愉快，我們又必須為現在而活，適時採取行動。換言之，紀律本身還是需要約束，我稱這種約束為平衡。

平衡是彈性的紀律。以生氣為例，發現外界侵犯我們的生理、心理領域或令人失望時，我們就會生氣。它是求生存的反擊方式，人不會生氣就永遠受欺壓，直到被消滅為止。只有靠生氣，才能繼續生存。但是我們往往發現，別人的侵犯其實並非故意，或者即使是故意，但由於種種考慮，直接跟他們衝突對自己更加不利。這時，大腦較高層次的中樞（判斷力）就必須約束較低中樞（情緒）稍安勿躁。要在這個複雜的世界裡成功，不但要有生氣的能力，也要有生氣而不表達出來的能力。

更甚者，還要能用不同方式表達生氣的情緒。有時要委婉，有時要直接，有時該力持冷靜，有時卻不妨暴跳如雷。我們不但要認清生氣的場合，表達的方式也必須合時宜，所以得建立一套複雜而有彈性的系統。由此可知，一般人要等成年，甚至中年以後才學會怎麼生氣，實在不足為怪，而一輩子都無法掌握生氣訣竅的也大有人在。

人必須在各種互相衝突的需要、目標、責任之間取得微妙的平衡，才有成熟健康的心理，這需要不斷的調適。平衡的最高原則是「放棄」。我永遠記得我九歲時學會的一次教訓。那年夏季，我剛學會騎腳踏車，高高興興地去練車。我家附近有個陡坡，下坡有個急轉彎。那天早晨，我疾馳而下，速度帶給我極大的快感。當時我覺得踩煞車減速會剝奪這種快感，是不可思議的自我懲罰，因此我決定到山下轉彎處不減速，硬轉過去。結果幾秒鐘後，我被拋出好幾英尺外，躺在樹叢裡，身上破了好幾處傷口，血流不止，而我的新腳踏車撞上一棵樹，前輪整個變形。我失去了平衡。

放棄的哲學

平衡被視為紀律的一部分，就是因為放棄某些東西一定會帶來痛苦。我不肯用放棄速度的快感換取轉彎時的平衡，結果發現失去平衡比某種程度的放棄更痛苦。人生歷程中，我透過其他形式一再重溫這一課。每個人通過人生的急轉彎時，都必須放棄自己的一部分。唯一逃避這種放棄的方法就是永遠留在原地，哪兒都不要去。

說來令人詫異，但大部分人卻真的選擇了這個變通的辦法。如果你認為他們的行為奇怪，那是因為你還不了解放棄的痛苦有多深。減緩下坡的速度、少發一頓脾氣都不過是次要的放棄形式，若換成放棄人格的特徵、放棄根深柢固的行為模式、意識型態或整個人生風格，就令人無法等閒視之了。但是如果要在人生旅途上不斷前進，早晚都會面臨這些重大的關頭，抉擇是否放棄。

有天晚上，我打算多花點時間親近我十四歲的女兒。她要求我陪她下棋已經好幾個星期了，因此我一提議下棋，她就欣然同意。我們棋力不相上下，但隔天她得上學，所以九點時，她要求我加快速度，因為她上床時間到了。我知道她自小養成準時就寢的習慣，但我認為應該由她做犧牲，所以我說：「急什麼？晚點上床有什麼關係。早知道下不完就不要下，何況我們正玩得高興。」

過了十五分鐘，她顯得愈來愈不安，最後哀求說：「拜託啦，爸，快點下啦！」我回答：「不可以。下棋是嚴肅的遊戲，要下得好就不能急。如果你不打算好好下，那就根本不要下。」她愁眉苦臉地又下了十分鐘，突然大哭起來，叫著她情願認輸，直奔上樓去。

我立刻覺得自己又回到九歲的時候，遍體鱗傷地倒在樹叢裡。顯然我犯了一個錯誤，又忘了下坡轉彎應該減速。我一開始是要陪女兒開心，但九十分鐘後，她氣得直哭，連話都說不出來。出了什麼差錯？答案很清楚，可是我拒絕正視它。我在痛苦之中踱了兩個小時，終於承認是自己允許贏棋的欲望壓倒逗女兒開心的念頭，搞砸了這個晚上。

我非常沮喪。我怎麼會如此失去平衡，鬥志過於高昂？我漸漸覺悟，自己必須放棄一部分贏棋的欲望，而這幾乎是不可能的事，我一輩子求勝心切，這種態度為我贏得很多東西。下棋不想取勝，這怎麼可能？我做任何事一定要全力以赴才安心。全力以赴地下棋，就不可能不嚴肅，不以求勝為目標。可是這必須改變，因為我知道自己的好勝心會使孩子跟我日益疏遠。如果我不調整自己的模式，不必要的眼淚與憎恨還會發生。我會繼續覺得沮喪。

現在，我的沮喪已經消失了。我已經放棄下棋必贏的欲望。那部分的我已經消失了，死了。它非死不可，是我把它殺死的。我用當一個成功父親的欲望殺死了它。還是個孩子時，求勝的欲望對我很有幫助，現在身為人父，它對我反而構成妨礙，非消滅不可。時機已經改變，我必須跟著調整。我本來以為會懷念它，但事實不然，我一點也不想念它。

沮喪是一種訊號

心理健康的人必須成長，而放棄過去的自我是心靈成長不可或缺的一部分，所以因放棄而感到沮喪是相當正常而健康的現象。只有當某些事情干預放棄的過程時，它才會變得不正常或不健康，使得過程無法完成，沮喪一直延續，無法化解。

一般人看心理醫師的主要原因，就是沮喪。換言之，他們考慮接受心理治療之前，已經開始了放棄（或成長）的過程。就因為這過程中出現困難，促使他們找醫師求助。因此，醫師的責任就是幫助他們完成這段成長的過程。

但是病人本身往往並不了解自己所處的狀況，相反的，他們經常渴望擺脫沮喪，「回復過去的老樣子」，卻沒想到「老樣子」已經不存在了。不過，他們的潛意識卻了解真相，在他們發覺之前，已經展開放棄與成長的過程。病人常說：「我不知道為什麼會覺得沮喪」，或者把沮喪歸咎給不相干的因素，因為他們意識上還不願承認：過去的自我和「老樣子」已經過時。他們還沒有發現，沮喪是一種訊號，代表為著追求成功與適應，必須有重大的改變。

三十年前，名心理學家艾瑞克森（Erik Erikson）曾列舉了八種人生危機，現在經常被提起的中年危機，就是其中之一。人生各個階段更迭時會發生危機，就是因為我們必須放棄過去倚重的處世與看事的方式，才能成功邁入下一個階段。很多人就是因為不能或不願承擔痛苦，不想放棄無法再保留的過去，以致無法度過危機，也不能經由成長享受重生的樂趣。以下簡單按照發生順序，把不斷邁向成熟人生的過程中，人必須放棄的生活環境、欲望與態度擇要列出：

嬰兒期，不需應付一些外在的要求；

無所不能的幻覺；

全然占有（包括性方面）父、母或兩者的欲望。

童年的倚賴；

父母經過扭曲的形象；

青春期自覺擁有無窮的潛力；
無拘無束的自由；
青年的靈敏與活力；
青春的性吸引力；
永生的錯覺。
對子女的權威；
各式各樣暫時性的權力。
身體健康能獨立自主；
以及，自我與生命本身。

上述的最後一點——放棄自我與自己的生命——在很多人感覺上，可能正是「天地不仁，以萬物為芻狗」的殘酷證據，它使人生變成不可忍受的拙劣笑話。今天的西方文化把自我奉為至高無上，格外把死亡視為非抵制不可的奇恥大辱。但事實就是如此，人類只有放棄自我，才能領略到最大的人生喜悅。生命的意義存在於死亡當中，這個「祕密」是一切宗教的核心。

6 提升心靈層次

放棄自我是漸進的過程，它會不斷帶給我們意想不到的痛苦與折磨。成人的學習過程中有一種極為重要的技巧，我稱之為「存而不論」（bracketing），是促進心靈成長不可或缺的工具。「存而不論」基本上就是在肯定自我、保持穩定與放棄自我（也就是暫時忘懷自我、先不對現實世界做任何預先的假設，為新資料騰出空間）以換取更大更新的知識之中，取得平衡。神學家基恩（Sam Keen）在《致舞蹈之神》（*To a Dancing God*）一書中，把這種紀律描述得很好：

我必須超越以既有一切或以自我中心為出發點的觀念。在消除和彌補了從個人經驗中產生的成見以後，才會出現真正成熟的認知。達到這種認知包括兩步驟：去除熟悉的，追求新鮮的。每當接近陌生的人、事、物，我們往往讓過去的經驗、目前的需知和未來的期望，決定自己要看到的東西。為了充分欣賞每一次新接觸的獨特性，我必須先將自己的成見與情緒擱置相當長的時間，讓陌生新奇的事物能夠進入我的感官世界。無論是用擱置、彌補或消除的方法，我都必須要求自己表現成熟的自我認知與誠實的勇氣。若少了這樣的紀律，現在的每一刻都將淪為過去經驗的重複。為了體會所有人、事、物真正的新鮮獨特之處，使它們都能在我的內在札根，我必須打散自我。

存而不論的態度說明了放棄與遵守紀律的結果：你獲得永遠比你放棄的更多。自律就是擴充自我的過程。放棄的痛苦猶如死亡的痛苦，但舊的死去，新的才會誕生。生與死原是一體之兩面。建立更新更好的觀念與理論，就代表舊的觀念與理論必須死去。詩人艾略特（T. S. Eliot）在詩作〈東方博士之旅〉（Journey of the Magi）末節，描寫三位智者皈依基督教，放棄他們過去世界觀時的痛苦。

這一切發生在很久以前，我記得，
我完全不後悔，但記下這一點，
記下這一點：我們一路被帶去是為了誕生或死亡？
是誕生，沒有錯，我們有證據毫不懷疑。

我見過誕生與死亡，但一直以為它們不同；
這場誕生對我們而言是艱難與痛苦，像死亡，我們的死亡。
我們回到自己的地方，自己的王國，
但再也不覺得安逸，一切仍是老樣子，
外邦人抓緊他們的神。
我樂於再死一次。

今世肉體的死亡，是否真的帶領我們進入輪迴的新生，仍是不可解的謎團，但人生的確是一連串生死相循的過程。兩千年前，羅馬哲學家塞內卡說：「人一生中不斷學習生存」；佛洛姆更說：「不可思議的是，人的一生中也必須學習死亡。」顯然，人活得愈久，經歷重生的次數就愈多，經歷死亡的次數也相對愈多。換言之，也經歷了更多的歡樂與痛苦。

今生今世有沒有可能避免情緒上的痛苦？或換個較委婉的說法：心靈有沒有可能朝著能把生存之苦降至最低的方向發展？答案是肯定的，也是否定的。肯定是因為一旦我們完全接受了痛苦，在某種意義上它就不再存在。同時，因為紀律經過不斷練習就可臻於完美之境，個人的心靈成熟度有了長足的進步之後，就像小孩子視為天大的難題，落到大人手上就迎刃而解，痛苦也就得以消除。最後還有一個理由：心靈成熟的人都有豐富的愛心，愛得愈多，快樂也愈多。

但答案也是否定的。這個世界迫切需要有能力的人，熟練的紀律與盈溢的愛心使心靈成熟的人成為最適當的人選。他們的外表可能很平凡，內心卻擁有無與倫比的力量，默默地，甚至祕密地發揮他們的力量。但發揮力量勢必涉及做決定；在全盤考量的情況下做決定，遠比一知半解時做決定來得痛苦。就像兩位將軍，各派一萬名士兵去打仗。對其中一位將軍而言，這一萬人是一項戰略工具的一部分；對另一位將軍而言，除此之外，還要考慮每一個士兵都是獨立的生命，一個家庭的一分子。面臨生死關頭，誰比較容易下決定？

偉大決定於受苦能力

或許有人會說：「心智成熟的人跟派兵打仗的將軍，根本是無從比較的兩件事。」但擔任企業總裁、醫師、老師、父母，難免必須做出影響別人一生的抉擇。最好的決策者必須願意為決策承擔最大的痛苦，而且不損及自己決策的能力。「一個人偉大與否，端視他受苦的能力，但偉大是一種歡樂」，這話乍看矛盾，其實不然。佛教徒經常忘懷佛陀歷劫之苦，基督徒也常忘懷基督教救贖之樂。其實基督在十字架上捨身的痛苦，與佛陀在菩提樹下涅槃的極樂，也不過是一體之兩面罷了。

最後重申一遍平衡與放棄的本質：你必須先擁有某些東西才能放棄它。還沒有得到的東西不可能被放棄，獲勝之前談不上放棄勝利，唯有先確立自我才能放棄自我。這個道理似乎很明顯，但是我知道很多人就是因為缺乏實踐的意願而無法成長。他們相信自己辦得到，卻不願意面對從頭開始、按部就班的痛苦，他們到偏遠處隱居或學習做木工，以為憑藉這些表面化的模仿，就可以抄捷徑進入超凡入聖的境界，卻始終沒有發現，多年來自己一直停滯在幼稚的階段。

或許有人會問，生物反饋（biofeedback）、冥思、瑜伽、心理分析是否也算紀律的一部分？我認為它們都只有輔助的作用，真正的紀律訓練還是我所介紹的四大重點：不逞一時之快、承擔責任、忠於真理以及保持平衡。只要不斷用心去實踐，任何人都能從而提升心靈的層次。

第2部

愛

愛是為了滋長個人和他人心靈成長，
一種發乎真誠意願的行動；
不但需要努力，也要有勇氣做後盾。
除了持續投入奉獻外，更需要運用智慧。

1 愛的定義與誤解

既然肯定紀律是人類心靈進化的工具，本篇接著就要談紀律的原動力——愛。我知道，愛極其神祕，討論愛就像是企圖研究不可能研究的東西，或嘗試了解不可能了解的東西。愛的博大精深，絕不受語言文字的衡量或囿限。若不是確信這麼做有它的價值，我就不會寫這篇文章，而開始動筆時我就知道，不論這份工作有多大的價值，都不可能做得完美。

就我所知，到目前為止，還不曾有人給愛下一個真正令人完全滿意的定義，這可說是愛的神祕的最佳佐證。有人把愛分成很多種：心靈之愛、手足之愛、肉慾之愛、完美的以及不完美的愛等。我對愛的定義，是「為滋養個人和他人心靈成長而擴充自我的意願」。

有幾點必須先加以說明。首先，我在定義中，使用心靈成長這樣的字眼，可能會予人宗教方面的聯想，科學的擁護者往往對宗教性的定義不以為然。但我並非透過宗教性的思維獲得這個定義：相反的，它是從我心理治療的臨床經驗（包括自省）中產生的。

愛在心理治療中居於重要地位，因為病人經常對愛的本質混淆不清。比方說，有位個性畏縮的青年告訴我：「我的母親愛我太深，甚至到高三還不肯讓我搭校車上學，我必須苦苦哀求，她才放我自己去坐車。我相信她是為了怕我在外受傷害，才天天開車送我上學。她太辛苦了。她實在太愛我了。」治療他畏縮個性的過程中，我最主要的工作就是教他明白，他母親的動機很可能與愛無關。愛或不愛最大的區別，在於當事人意識與潛意識的目標是否相符。

其次值得注意的是，愛是周而復始的過程。擴充自我也就是成長。在幫助別人成長當中，自我也會更趨成熟。我們努力帶給別人進步，進步也會降臨在自己身上。

我界定的愛包括愛自己和愛別人，沒有紀律的父母不能教孩子紀律。任何一顆心靈都不會因促進別人的心靈發展而退步；為了照顧別人而奉行的紀律不可能跟我們的自律相牴觸；唯有好好培養自己的力量，才能成為支柱別人的力量。事實上，在探討愛與被愛的過程當中，我們會發現，自愛與愛人不但共同滋長，最後兩者之間的界線甚至會完全泯滅。

再者，擴充自我也就是努力超越自我的極限，向所愛的人證明自己的愛只有靠力求表現。愛不可能坐享其成。愛需要不斷的努力。

最後一點，我用「意願」這個字眼，是希望特別強調愛超乎一般欲望之上的地位。欲望不見得能化為行動，意願卻是強烈得足以發展成行動的欲望。兩者的差別就相當於「我想去游泳」和「我要去游泳」之間的差別。每個人都或多或少有過愛人的渴望，但很多人做不到。問題癥結就在於想愛不等於去愛；愛是行動，是基於意願的行動。不論多麼想愛人，如果不實際去做，也就無異於選擇不愛，原來的良好動機就此一筆勾銷。相對的，我們若實際為促進自身與他人的成長貢獻力量，也必須出於自動自發的抉擇；那就是愛的抉擇。

愛的神祕造成了很多誤會，使很多人對愛的本質大惑不解。雖然本書的目的不在於解答愛的神祕，但我希望能消除一些對愛的誤解，使很多困處不愉快經驗中的人得以解脫。接下來，我就從「愛不是什麼」開始討論愛的本質。

2 墜入情網

與愛有關的錯誤觀念中，最有力也最被接受的，就是把「墜入情網」當作愛，或至少是愛的表現。墜入情網的人理所當然認為「我愛他（或她）」，這時立刻出現兩個問題。首先，墜入情網常涉及與性有關的愛欲。我們不論怎麼愛自己的子女，都不可能跟他們墜入情網；雖然大部分人都擁有親密的同性朋友，但不會跟同性的朋友墜入情網，有同性戀傾向的人除外。墜入情網往往是出於意識或潛意識的性動機。第二個問題則在於墜入情網的經驗千篇一律不會持久，不論對象如何，我們早晚都會從情網裡爬出來。這不代表我們不再愛那個跟我們一塊墜入情網的人，但沖昏頭的熱情總有一天會消逝，就像蜜月總要結束，浪漫的花朵也會枯萎一般。

要了解墜入情網和它無可避免的結局是怎麼回事，必須先對心理學上所謂的「自我疆界」略作說明。一般認為，嬰兒初生幾個月內，還不懂得分辨自我與外在世界。他挪動自己的手腳，以為全世界也跟著動；他感覺飢餓，以為世界跟他一塊兒挨餓；

他看見母親動，以為自己也在動；母親唱搖籃曲，他以為那是自己發出的聲音。在新生兒心目中，一切會動的和不會動的、你和我、個體和世界，全都沒有區別。

隨著經驗增加，嬰兒逐漸發現自己和世界的其他部分不一樣。他餓的時候母親不見得立刻來餵食，他要玩的時候，母親卻不見得有興致，他的意願跟母親的行為是截然不同的兩回事。「我」的意識開始發展。一般相信，母親與嬰兒的關係是培養自我意識的溫床。由觀察得知，嬰兒與母親的關係，倘若因自幼失母或母親有問題而遭到破壞與干擾，自我意識的發展就會出現障礙。

嬰兒出生第一年當中，就學會分辨自我與外在世界，了解自己的身材大小與體能極限，這些限制就是人的疆界。這樣認識就是所謂的「自我疆界」。

自我疆界的發展會持續到青春期，甚或成年以後，但愈到後來愈側重心理方面。例如兩到三歲之間，孩子開始認清自己的能力有限，在這之前，他雖然明知道無法左右母親照自己的心意行事，但他仍然會把自己的願望與母親的行動混淆，所以兩歲大的孩子往往是家裡的霸王，凡稍有拂逆，就大發脾氣。

三歲開始，孩子的態度會明顯的軟化，因為他已經能接受自己實在沒什麼權力的事實。不過，一呼百諾，隨心所欲的幻想，通常還得好幾年才會在挫敗中消失。在這之前，孩子還是會經常做無所不能的夢，所以無敵超人、太空飛俠之類的故事，特別受這個年齡層的孩童歡迎。

但即使超人的故事，也不能全然滿足進入青春期的青少年，肉體與能力薄弱造成的限制感愈來愈真切，所有個體都必須在一個名叫社會的團體中，靠合作維繫生存。每一個個體在團體中都毫不突出，同時又因個人的認知與局限，被迫與其他個體隔絕。

處身自我疆界之內是非常寂寞的。有些人（尤其是心理學上所謂的精神衰弱患者）會因童年不愉快或被傷害的經驗，認為外在世界充滿危險、敵意、混亂和匱乏。這種人認為自我疆界是一種保護，寂寞能給他們安全感。但大部分人都覺得寂寞難耐，渴望逃出自我疆界的牢寵，與外界更緊密地結合在一起。墜入情網的經驗就使我們得以逃避寂寞——只可惜是暫時性的。

墜入情網使自我疆界的一部分突然崩潰，使一個人的自我跟另一個人合而為一。一個人突然衝出了自我，像決堤洪流般湧向心愛的人，驀然之間，寂寞消失了，代之而起的是無以言喻的狂喜。我們跟心愛的人合而為一！寂寞不再存在！

在某種意義上，墜入情網是一種退化，與心愛的人合而為一，跟兒時與母親合而為一的記憶互相呼應，我們似乎又重溫童年時代無所不能的快感。一切都變得可能！

與心愛的人共處時，我們覺得沒有克服不了的困難。我們相信愛的力量能征服一切，前途一片光明，這些感覺與現實脫節的程度，就跟兩歲大的孩子自命能夠統治全世界一樣不可理喻。

早晚，現實會粉碎愛情之夢；早晚，日常生活的難題會再次出現。他要做愛，她不要。她要看電影，他不要。他要把錢存進銀行，她要買洗碗機。她要談自己的工作，他卻要談他的事業。最後雙方都痛苦地發現，自己並沒有真的跟愛侶合為一體，對方將繼續擁有全然不同的欲望、品味、偏見，乃至對時間的掌握，而且永遠如此。自我疆界重新合攏，他們又是兩個不同的個體。這時情侶若不謀求分手，就勢必得開始學習在現實中真正相愛。

迷戀過後的幻滅

我在此用「真正」二字，因為我認為墜入情網那種相愛的感覺，只是幻覺。我相信，情侶要等脫離情網後才能真正相愛，因為真愛的基礎不是戀愛的感覺。真愛發生的時候，很可能完全沒有戀愛的感覺，愛的行為也不需要戀愛的感覺做後盾。

「墜入情網」可能只是暫時的迷戀，而不能算真愛。

墜入情網不是出於意願，或有意識的抉擇。無論如何熱烈期待，愛情不見得會降臨，卻也經常在不經心或很不湊巧的時候讓人難以拒絕。我們很可能愛上一個完全不相稱的對象，甚至可能根本不喜歡他，但熱情沖昏了頭之下，什麼事都變得可能。相對的，我們也可能無論如何都無法跟一個各方面都很值得愛的人墜入情網。

不過，這並不代表完全不能用紀律約束墜入情網的經驗。例如心理醫師就常常跟病人墜入情網，病人也常不自覺地把感情寄託在醫師身上。但基於對病人的責任與自己的身分，醫師必須努力把持自我疆界的完整，不能把病人當作浪漫愛情的對象。這樣的紀律要經過極大的掙扎與痛苦，但紀律與意志力只能控制經驗，卻不能創造經驗。激情來臨時，我們可以選擇用什麼方式反應，卻不能憑空製造這種經驗。

墜入情網不能擴充一個人的疆界，只會造成自我疆界的一部分暫時崩潰。擴充自我需要靠努力；墜入情網卻不需要花半點力氣。一旦墜入情網的美好時光結束，自我疆界又恢復原狀，當事人只會覺得幻滅，但並不因而成長。自我的極限擴張後，通常不會再縮小，真愛是永久性的自我擴充，墜入情網則否。

墜入情網無助於心靈的成長。墜入情網唯一的目的就是消除寂寞，或許會經由結婚使它更持久，但絕對與心靈成長無關。事實上，戀愛中的人會一直覺得處於某種登峰造極之境，不須要成長，只要處於現狀就非常滿足。我們的心境非常平靜，也不覺得心愛的人的心靈需要成長，在我們看來，對方十全十美，縱然有些小缺點，也無傷大雅——一些小怪癖只會增加他們的魅力。

如果墜入情網不能算真愛，那麼除了是自我疆界的暫時崩潰外，還有什麼意義？我也難下定論。墜入情網與性具有特殊的關聯，我揣測可能與受基因支配的生物交配本能有關。換言之，墜入情網是人類因應內在性需求或外在性刺激的典型反應，作用在於增加生殖機會，促進物種生存。有可能墜入情網是基因對人類理智耍的花樣，使我們欣然落入婚姻的陷阱。缺少這種激情，很多夫妻早在步入結婚禮堂前，就會被婚姻的現實嚇得落荒而逃。

浪漫愛情的謊言

談戀愛的經驗能有效維持婚姻關係，它造成的永恆幻覺功不可沒。這種幻覺來自童話故事式的浪漫愛情，公主與王子最後終於結了婚，永遠快樂地生活在一起。浪漫的愛情神話還告訴我們，世界上每個年輕男子都有個年輕女子與他相配，這是天定的良緣，再也找不到更合適的對象。他們相逢時，必定會墜入情網，而且往往一見鍾情。

我們既然遇見了上天注定的佳偶，成就天作之合，就該永遠能滿足彼此的需要，永遠生活得和諧又快樂。萬一事實並非如此，發生摩擦，激情消失，那麼一定是發生了嚴重的錯誤——我們違背了上天的旨意，錯過了最相配的人。我們以為的愛不是真正的愛，一切都無從補救，只有痛苦一輩子，要不就離婚。

神話的偉大之處在於它往往涵蓋了放諸四海皆準的宇宙真理，但浪漫愛情的神話卻是一則可怕的謊言。數以百萬計的人浪費畢生精力，只為了使現實生活契合不真實的神話。A太太出於罪惡感，對丈夫千依百順，她說：「結婚時我沒有真的愛上他，我是假裝的。我覺得是我害了他，所以我無權抱怨他的任何缺點，一切都是我欠他的。」B先生則哀歎：「好後悔當初沒有跟C小姐結婚，否則我們的婚姻一定很美滿。但因為那時我沒有死心塌地愛上她，所以我以為她不是我尋找的人。」已婚兩年的D太太莫名其妙變得很沮喪，她來求治時說：「我不知道有什麼問題，我什麼都有了，包括美滿的婚姻。」幾個月後她才承認，她已經跟先生脫離了墜入情網的激情階段，其實這並不代表她做錯任何事。

E先生結婚也是滿兩年後，開始每天傍晚嚴重頭痛，他不相信這是心理問題所引起：「我的家庭生活毫無問題。我還是像新婚時一樣深愛太太，她一切都符合我的理想。」但一年以後，他終於承認：「她不停地煩我，光知道要錢，要錢，根本不管我薪水多少！」一旦他有勇氣反抗她奢侈無度的習性，頭痛就不藥而癒。

F夫婦彼此坦承，他們已經走出了令人意亂情迷的情網。自此兩人都不斷向外尋求所謂「真愛」，互相背叛，把雙方的生活都弄得一團糟。他們都沒有想到，走出情網的認知其實應該是真正婚姻生活的開始，而不是結婚。這對蜜月期宣告結束，不再對對方充滿浪漫情懷的夫婦，仍然一心一意追求愛情神話，硬要把現實生活嵌入愛情的模式，徒然希望靠意志力喚回逝去的浪漫之感。

這些怨偶都極度堅持夫妻統一陣線。他們參加婚姻團體治療時，都坐在一塊兒，互相代為發言，為彼此的過錯辯護，以同聲一氣的態度面對團體中其他成員。他們以為這樣就能證明自己的婚姻比較健全，比較有希望改善。

我們通常不得不儘早告訴大部分參加治療的夫婦，他們走得太近、靠得太緊了，彼此必須建立一點心理上的距離，才能積極地為自己的問題謀求出路。有時甚至必須把他們分開，禁止他們在治療過程中坐在一起；互相代言或代辯的習慣也要加以制止。如果這些夫婦接受這樣的安排，繼續治療，最後他們就能學會真正把配偶當作獨立的個人；接納這個事實，在健全的基礎上邁向成熟的婚姻。

真愛的幻覺

墜入情網雖然只是幻覺，但之所以騙得過大部分人，正因為它跟真愛十分相似。由於真愛是擴充自我的經驗，它跟自我疆界有非常密切的關係。我們的愛會無限地向心愛的對象延伸，希望滋養他，幫助他成長。但先決條件是，我們必須先被自我疆界之外的對象吸引，必須付出以身相許的熱情來投入。心理學家把以身相許與投入的階段稱為「心神灌注」（cathexis），這時我們「貫注」（cathect）在愛的對象上。

當人貫注在一個自身以外的對象時，心理上已經把對象包容在自己裡。例如，喜愛園藝的人，從這項嗜好中獲得極大的滿足與快樂，他「愛」園藝，花園對他意義重大，所以他貫注精神在花園上。為了照顧花園，他星期天也一大早就起床鬆土，拒絕出外旅行，甚至忽視了妻子。他全神貫注在園藝的過程當中，學會了很多東西——他了解土壤、肥料、生根、接枝。他對花園中每株花草的特性、花園的地形、優缺點等無一不瞭若指掌。對花園的了解不但融合成他人格、經驗與智慧的一部分，愛與貫注更進而擴充了他的自我疆界。

經年累月的愛，在貫注中擴充個人的界限，是一種與外在世界結合的漸進過程。自我疆界延伸而逐漸消失，我們成長了。這種方式下，我們擴充得愈多愈久，就愛得愈深，自我與世界的區別也愈淡。愈認同世界，「墜入情網」那種自我疆界崩潰帶來的狂喜就愈常出現，只是這一次，我們是真切而永恆的與外界融合。隨之而生的那種宛如密契經驗中的「合一」，可能比墜入情網來得溫和，一點也不戲劇化，但它更加穩定與持久，帶來更大的滿足。

一般都知道，性與愛雖然可能同時發生，但很多時候卻是不相干的兩回事。性行為（尤其是高潮——自慰也包括在內）跟自我疆界的崩潰和因而產生的狂喜，多少有點關聯。就因為自我疆界在剎那間消失，才會有人在妓女面前狂喊「我愛你」，但是狂喜的瞬間過後，自我疆界恢復原狀，卻再也提不起一點感情，甚至連喜歡對方都談不上。高潮的狂喜不一定要有夥伴共享，那種自我疆界消失的感覺自成一體，剎那間，人忘了自己，迷失在時空裡，靈魂出竅，遨遊太虛。我們跟宇宙合一，但只限那短暫片刻。

真愛的開端

我把因為真愛而產生的那種長時間與宇宙合一的感覺稱為「合一」，因為密契主義（mysticism）根本就相信宇宙是渾然的一體，一般觀念中的恆星、行星、房屋、樹、鳥、自己，其實都是錯覺或幻覺。印度教徒和佛教徒稱之為「幻象」（Maya）。他們和其他密契主義者相信，唯有放棄自我疆界，才能體認真正的現實。一個人一直覺得自己是宇宙中的獨立個體時，就不可能了解宇宙的和諧。所以印度教徒和佛教徒都認為，自我疆界尚未發展的小嬰孩，比成年人更懂得真實。有人甚至說，唯有退化成嬰兒，才能了解真實的統一感。這番論調對還不準備挑起成年擔子的青少年極具吸引力。

好在大多數密契主義者都明白，我們必須先擁有或完成某些東西，才有資格放棄它們。還沒培養自我疆界的嬰兒，或許比他的父母更親近真實，但沒有父母的照拂就不能生存，也沒辦法表達出智慧。一定要經過成年的階段，才有可能成為聖人。雖然借助性高潮或服食迷幻藥，也能讓人一窺涅槃的境界，但絕非涅槃本身。我要強調的是，涅槃、永恆的啟發或心靈成長，都只有經過堅忍卓絕的真愛，才得以成就。

墜入情網與性不但有可能成為真愛的開端，也給人一個淺嘗終身之愛永恆狂喜滋味的機會，是有力的誘因。所以，儘管墜入情網本身不是愛，卻是愛的神祕架構中重要的一環。

3 消極倚賴

第二種最常見的對愛的誤解，就是把倚賴當成愛。心理醫師幾乎天天碰到這個問題。在企圖自殺、以自殺為要脅，以及因感情失意而極度沮喪的人身上，這種誤解最顯著。他們說：「我不要活了，沒有了丈夫（妻子、男朋友、女朋友），活著還有什麼意思，我太愛他（她）了。」我不得不告訴他們：「你剛才描述的情形，不是愛，而是寄生。如果你必須靠別人才能生存，你就是寄生在那個人身上。你們的感情之中沒有自由，你們在一起是基於需要而不是愛。愛是自由的抉擇。相愛的人不是一定要生活在一起，他們只是選擇生活在一起罷了。」

當一個人得不到另一個人盡心的照拂，就覺得自己不完整，無法正常生活時，就構成倚賴。健康的成年人有倚賴心理，可視為病態，但必須把倚賴跟倚賴的渴望分開。每個人都有倚賴的需求與渴望，每個人都需要別人的關懷，希望有更強大的人照顧自己；不論我們多強壯，多有責任感，也不論我們多麼努力裝出不需要倚賴別人的外表，內心深處都會覺得，換換胃口倚賴一下別人也不錯。

不分年齡或成熟的程度，每個人都希望生命中有個令人滿意的父親或母親形象，但大部分人不會讓這種感覺主宰自己的生活。一旦這方面的需要控制了生活，不再是單純的渴望，倚賴的問題就出現了。心理學家把倚賴引起的心理失調稱為「消極倚賴性人格失調」。這是所有心理失調中最常見的一種。

消極倚賴的人成天忙著尋求別人的愛，以致沒有精力愛別人。像一群飢餓的人，只會向別人要食物，自己沒有一點點食物可以付出。他們心裡有個無底洞，永遠填不滿，永遠沒有滿足感，永遠覺得「少了一部分」。他們無法忍受寂寞，更沒有自我認知，唯有靠著人際關係界定自我。

愛情飢渴症

有位三十歲的年輕人，在妻子帶著兩個孩子離他而去的第三天前來找我。他的妻子曾三度威脅要離開他，理由是他不關心她和孩子。每次他都苦苦哀求，發誓要改過。但他的改過從未超過一天，所以這次她真的走了。

他已經兩天兩夜無法入眠，焦慮得渾身發抖，淚流滿面，一心想尋短見。他抽泣著說：「沒有家人我活不下去，我太愛他們了。」

我說：「那我就不懂了。你自己說過，太太的抱怨都是事實，你從來不肯為她做任何事。你高興回家時才回去，在性和感情方面一點也不關心她。你可以幾個月不跟小孩說話，也從來不陪他們玩。這麼看來，你和家人簡直沒有感情，他們離開，對你應該毫無影響才對。」

他回答：「可是你不明白嗎？我現在什麼都不是了。我沒有妻子，沒有孩子，我不知道自己是誰。我也許不關心他們，但是我愛他們，沒有他們，我什麼也不是。」

他在失去自我認知的情況下沮喪到極點，我約他兩天後再來。我不期望情況在這麼短時間內有改善，可是兩天後他興高采烈地跳進我的辦公室說：「一切都好了！」

我問：「你的家回來了嗎？」

他開心地說：「還沒有，他們一直沒消息，可是昨晚我在酒吧裡碰到一個女孩，她說她喜歡我，而且她像我一樣，剛跟丈夫分手。我們今晚有約。我覺得自己又是一個完整的人，所以不必再來找你了。」

這種魔術似的變化，是消極倚賴患者的特徵，他們不在乎倚賴的是誰，只要有人就好。只要別人給他們一個身分，他們也不在乎那是什麼。他們的感情關係表面看似熱烈，實際卻極為膚淺。他們急於填滿內心的空虛感，來者不拒。

還有一位年輕貌美、聰慧過人，各方面都很健康的女子，從十七歲到二十一歲之間，跟不計其數，各方面都不及她的男人發生一連串性關係，她換了一個又一個注定要淘汰的男人。問題在於她等不及真正配得上自己的男人出現，甚至也沒有時間在一群對她有興趣的男人中挑選。前一個男人剛離開，二十四小時內她就會跟接著碰到的第一個男人約會，而且來找我的時候照例對他盛讚不已：「我知道他現在失業又酗酒，可是他很有才華，而且關心我。我相信這次會成功。」

但從來沒有成功過。不僅因為她選的對象不對，而且她會把對方愈纏愈緊，逼著他們表白感情，鎮日寸步不離。她告訴對方：「因為我愛你，所以離不開你。」但早晚他們會覺得被束縛得透不過氣，她的「愛」使他們窒息。一切都會在一場激烈的爭吵後宣告結束，但第二天整個循環又重頭開始。

經過三年的治療，這位女病人才有所突破。她學會欣賞自己的才華與能力，懂得分辨空虛飢渴與真愛之間的區別。她認清了自己如何受飢渴驅使，抓牢了毀滅性的感情關係不放，並且承認唯有以嚴格的紀律約束自己的飢渴，她才有機會充分發揮所長。

消極倚賴人格症

這種症狀在倚賴上冠以「消極」二字，主要因為患者只關心別人能為他們做什麼，卻從不考慮自己能做些什麼。有一次，我主持一個包括五位消極倚賴患者的治療團體，我要他們說一下自己對五年以後生活的期望。幾乎這幾個人都表示，「希望能跟真正關心我的人結婚。」沒有人提到擔任挑戰性的工作、創作藝術品、為社區服務、設法去愛別人或甚至生育子女。他們的白日夢裡沒有「努力」這個字彙，只想不費吹灰之力地接受照顧。我告訴他們：「把被愛當作目標是不可能成功的。要別人愛你只有一個方法，就是做個值得愛的人。如果你人生最大的目標只是消極地被愛，你就不可能是值得愛的人。」

這不是說，消極倚賴的人從來不為別人做任何事，但他們的動機無非是抓牢另一個人，從而取得自己所需要的照顧；如果與此無關，要他們付出就難了。例如前面提到那個治療團體的成員都覺得，買房子、離開父母生活、找工作、離開不滿意的工作室或甚至投入一種嗜好，都是極其艱鉅的事。

婚姻中，夫妻分工是自然的事。妻子通常負責烹飪、整理家務、購物及照顧孩子；先生則出外賺錢、管帳、修剪草坪、做零星修理等。健全的配偶會偶爾出於直覺互換一下角色。先生偶爾做頓飯，陪陪孩子，打掃房屋，給妻子意外的驚喜，妻子也可以在外兼差，或趁丈夫生日替他修剪一次草地，他們會覺得角色互換像一場遊戲，增添生活的情趣。但更重要的是，這麼做在不知不覺間減少彼此的相互倚賴，在某種意義上，他們在訓練自己萬一失去對方時如何求生。

可是消極倚賴的人把失去對方當成最恐怖的事，他們根本沒有辦法為這種事做準備，甚至不能容忍任何降低倚賴程度，並賦予對方更多自由的方式。所以消極倚賴式的婚姻當中，角色區分極為嚴格，凡事以加強相互倚賴為目的，使婚姻像一座陷阱。

這麼一來，口口聲聲的「愛」，其實不過是「倚賴」，自由與獨立都幾乎不存在。有些消極倚賴的人，婚後不惜完全放棄自己原本的技能。「不能」開車的妻子可說是這種現象下一個相當常見的併發症。有些情況是，她根本沒學過開車，另有些情況卻是她因一場微不足道的意外事故，對開車產生了恐懼症，從此再也無法開車。對於住在郊區的家庭而言，這種恐懼症足以把丈夫永遠拴在妻子身邊，因為少了他，她就哪兒都去不了。他必須負起購物的責任，或充當妻子的司機。由於這種行為模式通常能滿足配偶雙方的倚賴需求，他們絕少把它視為一種病態而設法解決。

有一位相當睿智的銀行家，他的妻子四十六歲時突然因恐懼而不再開車，我曾向他建議，這背後可能有什麼值得探討的心理因素。他回答說：「不會的，醫師說這只是更年期引起的，沒法子可想。」這位妻子知道，丈夫下班後還得忙著接送她和孩子，沒有時間搞外遇或背叛她，這帶來很大的安全感。另一方面，丈夫也知道，沒有他在，妻子根本寸步難行，所以她也沒有機會背棄他，他很安全。

雖然消極倚賴的婚姻可能持久而有保障，但這並不代表健全，其中也未必有真愛。如果把自由做為安全感的代價，婚姻關係反而破壞了各個成員的成長機會。

我一再地告誡我的病人夫婦：「唯有兩個堅強而獨立的個人，才能建立美滿的婚姻。」

缺乏愛的能力

消極倚賴的原因是缺乏愛。這種人的童年時期，通常未能得到足夠的關注，而產生極大的空虛感。成長期間經歷的欠缺或不完整，會從內心深處產生「我擁有的還不夠」的感覺。這樣的人不但認為命運不公、難以預測，也會懷疑自己是否有資格被愛。所以他們迫切地追求愛，而且會不擇手段地保有和操縱一切人際關係，結果反而摧滅了愛的可能性。

愛與自律必須並存，不能愛子女的父母缺乏自律，他們的子女往往也沒有機會學習自律，消極倚賴者過度倚賴的傾向，也可以視為人格失調的症狀。消極倚賴者只求得到滿足，不把誠實當一回事，即使一段感情關係已經瀕於破裂也不肯放棄。更糟的是，他們不肯為自己負責，甚至不惜要求子女負責，以求自己快樂或滿足。他們認定一切都是別人的責任，所以經常覺得失望，別人沒有盡責使他們快樂滿足，令他們忿恨難平。

我有位同事常說：「倚賴別人是最糟糕的事，你還不如轉而倚賴海洛因。只要貨源充足，海洛因永遠不會讓你失望，它一定會使你快樂起來。但如果要求別人使你快樂，到頭來一定會失望。」事實上，很多消極倚賴者都有毒癮或酒癮。他們有一種「上癮性人格」（addictive personality）。他們對別人上癮，永不饜足地從別人身上汲取自己需要的東西，一旦別人拒絕再供應，往往就會轉向酒瓶或注射器，將之當作人的代用品。

儘管倚賴也會使人強烈地親近另一個人，看起來似乎像愛，其實兩者有天壤之別。倚賴源自父母缺乏愛的能力，而且延續這種失敗。只想獲得不想給予，使心智停滯在嬰兒期，無法成長。它構成限制與束縛，扼殺自由。它對人際關係只會破壞，沒有建設，到頭來，它會毀滅所有捲入其中的人。

4 全神貫注

我們常說到某人愛沒有生命的物體或活動，例如：「他愛權力」、「他愛園藝」、「他愛錢」、「他愛打高爾夫」等。人如果每週工作七、八十個小時，全神貫注於爭取更多的金錢與權勢，當然也可能在這些方面獲得超出一般水準的成就，但財勢的累積並不等於自我的擴充。我們還是可能批評白手起家的企業大亨是個「目光如豆的吝嗇鬼」。不論他多麼熱愛金錢與權力，沒有人會認為他有愛心，因為對這種人而言，財富與權勢就是終極目標，而不是追求心靈成長的手段。

愛的唯一真正目標，是心靈的成長或全人類的進步。投入嗜好是自我滋養的活動。愛自己（亦即滋養自己，追求心靈成長）的同時，也需要供給自己很多與心靈無關的養分。首先我們必須照顧好自己的身體，安排食物與蔽身之所；尋求心靈發展之餘，也需要休息與鬆弛、運動、分散一下注意力。即使聖人也需要睡眠，所以培養嗜好也可以當作愛自己的方式。但如果嗜好本身成為取代擴充自我的目標，它的效果就大不相同了。

有時候嗜好廣受歡迎的原因，就在於它能取代自我發展。以打高爾夫球為例，有些上了年紀的人把餘生最高的目標，定位在以更少的桿數打完一場球。他們相信，運動方面的進步，可以推翻自己在做人方面已經完全不再進步的事實。如果他們多愛自己一點，就不會用這麼膚淺的目標來欺騙自己。

另一方面，權力與金錢也未嘗不能達到以愛為出發點的目標。有的人投身政治，是希望憑藉政治影響力謀全人類的福祉。有人拚命賺錢，為的是送子女上大學，或替自己購買較多的自由與時間，以便投入學習和思考，追求心靈的成長。這些人愛的不僅是權力或金錢，而是人。

經常濫用愛這個意義太過籠統的字眼，會妨礙我們了解愛的真諦。我並不預期語言會在這方面有所改進，但只要一般人繼續習慣用愛來形容自己跟珍視的事物間的關係，而不考慮其品質的話，在區分智愚、善惡、貴賤上，就一直會有困難。

以本章提出的定義為例，很明顯的，我們愛的對象一定是人，因為就一般的了解，只有人類的心靈才有成長的能力。好比養一隻狗，把牠當家人看待，餵牠吃，替牠洗澡，摟牠抱牠，教牠玩把戲；牠生病時，我們丟下手頭上一切事情，趕著送去看獸醫；萬一牠走失或死亡，全家人如喪考妣。確實，對某些寂寞孤單的人而言，寵物就是生活的目標，如果這不算愛，那該算是什麼？

但人與人的關係畢竟跟人與寵物的關係不盡相同。首先，人跟寵物的溝通極為有限，我們不知道寵物在想些什麼。往往有人把自己的思想與感覺投射到寵物身上，把牠們引為知己，可是事實不見得如此。其次，人只有在寵物聽話的時候才喜歡牠們，如果寵物一再反抗，甚至咬你一口，我們會立刻棄之不顧。要改善寵物的心智能力，充其量只能送去馴養學校。但換成其他的人，我們勢必容許他們擁有獨立的意志。真愛的一大特色，就是希望對方發展成獨立自主的人格。最後一點，豢養寵物的出發點是希望牠們永遠不要長大，陪伴著我們，所重視的就是牠們對我們的倚賴。

很多人沒有能力真正去愛其他人，他們只會「愛」寵物。曾有不少美國士兵取了德國、義大利、日本的「戰爭新娘」，這種聽起來很浪漫的異國婚姻中，男女雙方不曾真正有言語上的溝通，當新娘學會說英語之後，婚姻就開始瓦解。軍人丈夫再也不能把自己的想法、感覺、欲望投射到妻子身上，像對待寵物一樣，覺得她們跟自己同心。妻子學會了英語，丈夫才發現她們有自己的觀念和見解，人生目標可能跟他截然不同。有些人從這一刻開始培養感情，但對大多數人而言，這卻是結束。

主張解放的婦女，強烈反對男性用類似呼喚小寵物的暱稱跟她們說話，因為這表示他的感情可能真的完全建立在把女性視為寵物的基礎上，絲毫不尊重她真正的才能及獨立的人格。

偏頗的貫注

最可悲的例子，就是很多母親只會把孩子當作嬰兒來愛。這種女人極為常見。她們在孩子滿兩歲以前都是理想的母親，對孩子疼愛有加，照顧得無微不至。但情況一夕之間完全改變了。一旦孩子有了自己的意志，開始不聽話、任性哭鬧，表現得跟別人更親近，向外探索屬於自己的世界，母親的愛就戛然而止，不願再全神貫注在他身上，甚至厭惡他。通常這時她會渴望再次懷孕，擁有另一個嬰孩，另一個寵物。如果成功，整個循環將重頭來過。不然的話，她可能寧願幫鄰居照顧小嬰兒，也懶得理會自己的孩子。每個人都看得出，這些失去母親寵愛的大孩子不快樂，而那位全神投注在另一個嬰兒身上的母親卻一無所覺。這種現象，是成年後發生沮喪或消極倚賴人格的主因。

對嬰兒、寵物或唯命是從的配偶的愛，可說是父性或母性的本能，這種行為跟「墜入情網」很類似。它不需要努力，不是經過意志抉擇的行為，也對心靈的成長毫無幫助，所以不能算是真愛。雖然經由這種感情也能建立親密的人際關係，可做為真愛發展的基礎，但是要擁有健全而富創造力的婚姻、養育健康而心智成熟的子女，甚至達成整個人類的進步，還需要更多其他的東西。

以那位不肯讓孩子坐校車上學的母親為例，她堅持親自開車接送他，當然不能說不是滋養的方式，可是這種滋養不但無益，反而有害孩子的心靈成長。其他諸如：硬塞食物給過胖的孩子、買一籮筐玩具或一櫃子衣服給孩子、想盡一切辦法滿足孩子的任何要求，都是矯枉過正。愛不光是給予，它是合理的給和合理的不給，是合理的讚美和批評；它是合理的爭執、對立、鼓勵、敦促、安慰。它就等於領導術。所謂合理是一種判斷，不能只憑感覺，必須經過思考和有時不怎麼愉快的取捨決定。

5 自我犧牲

在不合理的給予或破壞性的滋養方式背後，動機和形式很多，但都有共同的基本特徵：「給予者」在愛的假面具下，只求滿足自己，全然不把對方心靈真正的需要當一回事。

有位牧師來看我，他的妻子有慢性沮喪症，兩個兒子也都從大學退學，在家無所事事，並接受心理治療。雖然全家人都「有病」，開始的時候，他並不認為他們的病跟自己有關。他說：「我竭盡所能照顧他們，幫著解決問題。我醒著的每一刻都在為他們擔心。」

探究之下，他的確為妻子和兒子的要求鞠躬盡瘁。雖然他覺得他們應該開始學習自立，但仍替兩個兒子都買了新車，而且付了保險費。儘管他非常討厭進城，而且一聽歌劇就想打瞌睡，可是他每週都帶妻子進城聽歌劇或看戲。他的工作負荷相當沉重，但一回家就得跟在妻子和兒子後面收拾房子，因為他們完全不把整潔當一回事。

我問他：「你成天為他們做這做那，難道不累嗎？」他答道：「當然累，可是我有什麼選擇？我愛得太深，不能不管他們。只要他們有需求，我一定設法滿足。我或許不聰明，但至少有足夠的愛與關懷。」

有趣的是，他的父親是位小有名氣的學者，但喜歡到處拈花惹草，又好酒貪杯，毫不顧家人死活。我的病人漸漸開始覺悟，他自幼發誓要做一個跟父親截然不同的人，要做一個滿懷愛心的家長。他也發現自己為維持這個形象付出極為可觀的代價，他的一切行為，包括投身牧師這行業，都環繞這個形象為中心。但他使全家人都變得幼弱無能，這點他委實難以了解。他一直把妻子稱為「我的小貓咪」，把成年的兒子叫做「我的小寶貝」。他困惑地說：「就算我的愛是基於對父親的反抗，那又怎麼樣？這不表示我應該像他一樣冷酷無情，不負責任啊！」

然而他應該學習了解，愛其實是非常複雜的活動，不但需要用心，也要用腦。在一心要做得跟父親不一樣的意念之下，他完全放棄了愛的彈性。他必須了解，有時候不付出反而比在錯誤時刻給予更恰當；培養家人獨立的能力，比一直照顧他們，需要更多愛心。而且，表示需求、憤怒、不滿與期望，對家人心理健康的重要性不亞於犧牲自己。愛不僅是無條件地接受，也包括衝突和利益。

他開始改變，他不再跟在兒子身後收拾，對他們不幫忙家事的行徑也會公開發脾氣；他要求他們自行負責保險費；他讓妻子自己去紐約看歌劇。他不再百依百順，有求必應，開始扮「壞人」。幸好他早先行為的動機雖然以滿足自我為出發點，但並未失去愛的能力，這種能力是促使他有所改變的原動力。一開始，他的妻兒都深為不滿。但不久後，一個兒子回大學求學，另一個找了份工作，搬到外面自己住。他的妻子也發現獨立的好處，以她自己的方式重新開始成長。牧師自己不但工作效率大為提高，生活也快樂多了。

虐待與被虐

這位牧師誤導的愛，已瀕臨被虐待狂的邊緣。虐待狂與被虐待狂通常都帶有性的聯想，患者在使人痛苦或自己受痛苦的時候，會產生性的快感。但性虐待與被虐待狂在精神病理學上甚為罕見，較常見的是社會型虐待與被虐待狂，病情也更嚴重。患者會潛意識希望在與性有關的人際關係當中傷害對方，或被對方傷害。

典型情況下，一個女人遭丈夫遺棄，感到極度沮喪，向心理醫師求助。她會不斷哭訴丈夫無窮盡的虐待行為：不關心她、在外面有一大堆女人、把買菜的錢輸掉、高興時才回家、喝得醉醺醺回家毒打她，現在終於在聖誕節前夕棄她和孩子不顧而去——還特別挑聖誕節前夕！

剛出道的心理醫師通常都對這套故事大表同情，但進一步了解會使同情煙消雲散。首先，醫師會發現，虐待的模式已持續了二十年之久，這期間，這位婦女跟丈夫離婚兩次，也破鏡重圓兩次。此外有不計其數的吵吵鬧鬧與分分合合。經過一、兩個月幫助她重新站起來的努力之後，某天早晨，病人興高采烈走進醫師的辦公室宣布：「我丈夫回來了。昨天晚上他打電話來說要見我，結果他是來求我讓他回家。他改過自新，變了一個人，所以我就讓他回來了。」醫師指出，這現象他們已經討論過，一切不過是重複過去的錯誤罷了，何況她不是才覺得一個人生活得很好嗎？病人答道：「可是我愛他。你不能否定愛呀！」如果醫師要求進一步討論她所謂「愛」的本質，治療往往就此中斷了。

這是怎麼回事？百思不解的醫師試著回憶治療過程中的每一個細節，他想起她描述多年來受丈夫虐待的情形時，彷彿從中得到快感。突然間，他心頭湧現一個奇怪的念頭；會不會這個女人如此忍受丈夫的虐待，甚至自投羅網，完全因為她喜歡這麼回事？但這是基於什麼動機呢？她樂於受虐待，是否因為她畢生都在尋求道德上的優越感？現在她的行為模式已昭然若揭：她從痛苦的處境中汲取優越感，最後丈夫回頭來求她收留，她又反過來得到虐待的快感，他的低姿態肯定了她的優越性，她從他的搖尾乞憐當中，享受到報復的愉悅。

通常這種婦女從童年時代就飽受屈辱，她們被迫自認在道德上高人一等，從中獲得阿Q式的心理復仇快感。相對的，這種心態也需要更多的屈辱與虐待加以滋養。當世界善待我們時，報復的心理就不能成立。為使報復成為生活的目標，就必須一再加強被迫害的感覺，使復仇心態持續下去。被虐待狂把忍受虐待視為愛的表現，其實這只是他們尋求報復快感的必要條件，它的基本動機是恨，不是愛。

被虐待狂的問題引出另一個與愛有關的錯誤觀念——把自我犧牲當作愛。典型的被虐待狂根據這個觀念，把忍受虐待當作自我犧牲、當作愛，卻完全罔顧其中的恨意。

例如那位為家人犧牲一切的牧師，一直認為自己的動機是為家人好，全然不自知他這麼做的真正目的是維繫自我形象。每當我們聲稱做某件事是「為了別人好」，都是以某種方式在逃避自己的責任。人做任何事都是出於自己的抉擇，這麼抉擇是因為它最能滿足我們。我們無論為別人做什麼事，都是為了滿足自己的需求。

我們真心愛人，是因為我們要去愛。生兒育女是因為我們要孩子，愛孩子是因為我們要成為充滿愛心的父母。愛確實能改變一個人，但它是自我的擴充，而非犧牲。真愛會使自我更為充實。在某種意義上，愛也可以說是很自私，因為它追求的是自我的擴張。自私與否絕不是判別真愛的標準。唯一的標準是：真愛永遠追求心靈的成長，除此之外，都不是真愛。

6 重感覺而不行動

愛是行動，不是感覺。很多人跟著愛的感覺走，做出來的事卻可能沒有愛的成分，甚至還具有破壞性。但是一個真正有愛心的人，即使面對不喜歡甚或討厭的人，也能充滿愛心與保持建設性的態度。

愛的感覺與「心神灌注」相隨而來。前面提過，心神灌注是外在對象對我們漸趨重要的過程。我們經由貫注對所謂「愛的對象」投注精力，把它當作我們的一部分。愛之所以被誤為感覺，就因為我們常誤把全神貫注當成了愛。

由於兩者之間有很多相似之處，混淆在所難免，但也有清楚的區分。首先，心神灌注的對象不一定有生命，所以也不一定有心靈。一個人大可全神貫注在股市或者珠寶上，卻不見得是以愛為出發點。其次，我們對另一個人心神灌注時，未必會關懷他的心靈發展。倚賴者反而害怕貫注的對象成長。像那位堅持開車送高中的兒子上學的母親，顯然就全神貫注在兒子身上；她非常重視兒子，但不重視他的心靈成長。第三，貫注的強度通常與智慧或投入奉獻無關。酒吧裡兩個初次邂逅的陌生男女也可以相互貫注，但當時他們可能全心都放在尋求性滿足上。最後，貫注瞬息多變，不能持久，酒吧裡的一段露水姻緣，事後雙方可能都覺得對方毫無吸引力。貫注隨時都可能突然消失。

相反的，真愛不但需要投入奉獻，也需要運用智慧。我們關懷一個人的心靈成長時，就會了解不能投入的危險性，而且唯有投入才是表達關懷最有效的方法。病人必須先跟醫師建立「治療同盟」關係，才能達到人格的成長。也就是說，在病人冒險改變之前，他必須先充分信任醫師，產生足夠的力量和安全感。醫師要建立這種同盟關係，通常得先投入大量時間和持續不變的關懷，這就要靠他的奉獻精神。醫師不一定隨時都有興趣聆聽病人傾訴，所謂奉獻就是不管他喜不喜歡都得聽。這跟婚姻很類似。建設性的婚姻正如同建設性的治療，伴侶雙方都得經常把自己的好惡放在一旁，關懷對方，改進彼此的關係。唯有如此，當求偶的本能告一段落，夫妻雙方都走出情網時，真愛才有發展的機會。

業已建立穩定而具建設性關係的人，當然還是會相互產生心神灌注的現象，但真愛必然會超越貫注。有了貫注或愛的感覺，當然更親切貼心，但是它們不是不可或缺的條件。這裡要強調的是「意願」二字。我為愛下的定義是：為了滋養個人和別人的心靈成長，擴充自我的意願。真愛發乎自願，而不情緒化。用真心去愛人是出於自主的決定，不論愛的感覺存在與否，都要投入奉獻。有愛的感覺固然好，如果沒有，愛的意願與奉獻的承諾也依然有效。

因此充滿愛心的人絕不可單憑愛的感覺行事。我可能會遇見吸引我的女人，我很想愛她，但這麼做會毀掉我的婚姻，只好自言自語地說：「我很想愛你，可是我不會這麼做。」同樣的，我也可能拒絕接受一位病情很有發展性的新病人，因為我對其他病情未必如此值得診察的病人已經有所承諾，沒有時間照顧新病人。愛的感覺沒有限制，但是我能付出的愛有限，必須選擇愛的對象。真愛不是排山倒海而來，什麼都可以不管的感覺；它是經過審慎考慮，全心投入的決定。

常有人把真愛與愛的感覺混為一談，造成各式各樣的自欺。一個把需要他關懷的妻兒丟在家中不顧、出外酗酒的男人，可能會神色痛苦地告訴酒吧的人說：「我好愛我的家人。」經常殘酷地忽視兒女的人，也可能以最具愛心的父母自居。這種故意含混的態度有其存在的原因：在感覺中找到愛的證據很容易，在行動中找尋愛的證據卻很困難。

因為真愛超乎倏忽即逝的感覺或心神灌注之上，是發乎意願的行動，所以也可以說：「愛只能靠行動證明。」愛與非愛，正如同善與惡，有客觀的標準，不能純靠主觀決定。

7 愛的表現

我們已經討論過很多被誤會為愛的東西，接下來可以談談愛是什麼。

愛需要努力。擴充自我和多走一步路或一里路一樣，都違反與生俱來的惰性及出於恐懼的排斥心理。擴充自我或擺脫惰性，就叫做努力。恐懼當前，仍然挺身而起，就叫做勇氣。所以愛也可說是努力或勇氣的一種形式。它是滋養我們為自己和別人心靈成長所做的努力，而表現出來的勇氣。

我們也可以為愛之外的其他目標努力或發揮勇氣，因此，不見得所有的努力與勇氣都是愛，但是真愛一定含有努力與勇氣的成分。不具備這兩項要素，就不可能是愛，絕無例外。

愛最主要的努力，就是關懷。愛一個人時一定會關心對方，細心照料他，幫助他成長。這麼做必須把其他的成見擱在一旁，主動調整自己的心理狀態。關懷是發乎意願，革除內心惰性的一種行動。著名心理學家羅洛·梅（Rollo May）曾說：「如果用所有現代心理分析工具，分析『人的意願』這件東西，會發現意願最基本的基礎，就是關懷或企圖。執行意願所需的努力，事實上就是付出關懷；實踐意願最重要的是要保持心智清明，也就是保持關懷的焦點。」

學習傾聽

表現關懷最常見也最重要的方式，就是傾聽。我們花很多時間聽別人說話，但是其中大部分都浪費了，因為大多數人都不懂得怎麼去傾聽。一位企業心理學家曾經告訴我，學校在教導學童各種科目上所花的時間，跟孩子長大後運用這些知識的機會恰成反比。例如一位企業主管每天大約花一小時閱讀、兩小時談話、八小時傾聽，但在學校裡，絕大部分時間都用來教孩子閱讀，教他們說話的時間非常少，而幾乎根本不教如何傾聽。

我不以為學校應該按照成年後使用機會的比率來安排課程，但我相信教孩子傾聽的技巧是明智之舉——這麼做或許不能使傾聽變得較為容易，但至少會使孩子明白，好好聽人說話是件不簡單的事。傾聽是關懷的表現，需要全心以赴。大部分人不能好好聽人說話，就是因為他們不了解這一點，或是因為他們不願意努力。

我曾經去聽一位知名人士的演講，主題是宗教與心理學的關係。由於我對這個題目很感興趣，早已有所涉獵，所以立刻聽出這位演講者是位具有真知灼見的人。從演講中的各種實例裡，我感覺到，他很努力地把許多極為抽象的觀念傳達給聽眾。我格外用心地傾聽，他講了一個半小時，我坐在冷氣禮堂裡竟聽得滿頭大汗。演講結束，我因為太過專心，不但頸部僵硬，頭也開始抽痛。雖然他說的話我大概只吸收了一半不到，但已經受益匪淺。

然後，我參加演講後的茶會，在整場追求文化的人士當中逡巡，聽聽大家的意見。大多數人都感到失望，他們慕名而來，卻毫無所獲；他們聽不懂，認為他不是眾人所預期的優秀演說家。一位女士說：「他簡直什麼也沒有說！」四周的人紛紛點頭表示同意。

我獨獨能聽懂這位了不起的人物大部分的演講內容，主要因為我願意努力去聽。我之所以願意這麼做，有兩個理由。第一，我知道他的偉大，而且相信他的演講很有價值；第二，我對這個題目很感興趣，衷心希望他的話能增長我的知識，促成我心靈的成長。我聆聽他說話就是愛的行動。我愛他是因為我覺得他是個值得關懷的人，我愛自己是因為我願為自己的成長付出努力。他教我學，他付出我接受，我的愛其實是以本身的收穫為主要動機；但是他若能從聽眾中察覺到我的專注、關懷與愛，他可能就覺得是一種回饋。

真心互動

但大部分的傾聽中，我們扮演的卻不是接受者，而是給予者——尤其在傾聽孩子的時候。傾聽孩子的方式因年齡而異。以小學一年級的學生為例，只要有機會，這麼大的孩子可以滔滔不絕，說個沒完，父母該如何處理？

最方便的法子可能是不准他說。信不信由你，有的家庭中，小孩子根本不許說話，「童言無忌」完全不適用於這種家庭。第二種方式是隨他去說，大人根本不聽。孩子只是自言自語或跟空氣說話，跟大人完全沒有互動。第三種方式是假裝在聽，事實上卻忙著做自己的事，想自己的心事，不時說一聲「嗯哼」或「好極了」應付一下。第四種方式是選擇性聆聽，當孩子說到某些似乎比較要緊的事情時，略微豎一下耳朵，以最少的努力，從渣滓中揀取一些菁華。問題是大多數人的選擇能力不見得那麼好，流失的菁華占極高比率。最後一種方式當然就是用心聽孩子的話，試圖了解他說的每一句話，每一個字。

這五種方式需要父母付出的精神一種比一種多。天真的讀者可能會以為，我一定要推薦最耗心力的最後一種方式，事實不然。首先，六歲孩子話多得不得了，若真的都要聽，父母就沒有什麼時間做其他事了；其次，真心傾聽需要大量精力，這會使父母筋疲力盡；最後，由於六歲小孩說的話通常都很單調乏味，成天聽也會很無趣。因此，最好的辦法是綜合這五種方式，平衡運用。

有時候叫小孩閉嘴確有其必要，尤其當他們喋喋不休，使人無法專心處理事情，或當他們蓄意藉插嘴來表示敵意或主宰欲的時候。多半情況下，六歲大的小孩經常為說話而說話，不一定要別人傾聽，自言自語也一樣快樂。但孩子有時候也希望能跟父母親近，需要父母抽出時間聽他們說話，這時，孩子需要的不是溝通，而是親密感，只消假裝傾聽就夠了。其實，孩子能了解父母是在選擇性傾聽，這種選擇性溝通已能使他們感到滿足。六歲大的孩子已經懂得這條遊戲規則，他們說出來的話只有極小部分需要得到注意和反應。為人父母的複雜工作之一，就是如何在聽與不聽之間，取得近乎理想的平衡點，以恰當的方式因應孩子多變的需要。

隨著孩子年齡的不同，聽與不聽的平衡點也會改變，但基本原則是不變的。無論年紀多大，都需要父母的關懷傾聽。

全心關懷

有位三十歲、頗具才幹的專業人士，因缺乏自信引起焦慮，前來接受治療。他的父母同樣是專業人才，向來不願聽他講話，即使勉強聆聽，也總是嫌他說的話瑣碎而無關緊要。

一切記憶中，最令他痛苦的一件事發生在二十二歲時。他就一個引起多方爭議的題目，寫成一篇相當長的論文，以優異的成績自大學畢業。父母對他期望很高，也因他的傑出表現引以為榮。但他把一份論文影本留在家中一整年，再三暗示父母抽空看一下，他們卻連翻都不翻。他在治療結束時說：「我敢說，只要我直截了當要求他們讀我的論文，他們一定會照辦的；只要我鼓起勇氣說：『讀讀我的論文好嗎？我要你們了解而且欣賞我的思想。』但這無異是哀求他們聽我說話，到二十二歲還必須求父母注意我，我真的做不到。如果靠哀求才能如願，我就覺得不值得。」

用心傾聽、全心全意關懷一個人，是愛的表現。用心傾聽也是修養，暫時把個人成見與欲望放一旁，盡可能體會說話者的內心世界與感受。聽者與說者的結合，事實上就是自我的擴張，我們必能從中得到新知識。尤其在傾聽的時刻，聽者全心全意接納對方，說者也會對這種接納產生感應，更加坦誠而開放，把最祕密的一面向聽話的人敞開，雙方更能相互了解，惺惺相惜，愛的雙人舞於焉展開。這是相當耗費精力的過程，只有以愛為出發點，靠著追求共同成長，擴充自我的意願，才能達到目標。

正因為用心傾聽是愛的行動，所以婚姻是這種行動的最佳表現場所。可惜的是，很多配偶從不用心聽對方說話。心理醫師協助接受婚姻治療的夫婦時，往往最主要的工作就是教他們傾聽彼此。但這麼做需要付出更多精力，需要遵守更嚴格的紀律，超乎他們的意願，因此失敗也在所難免。

這些夫婦聽到要求他們約時間交談的建議，都感到震驚與不可思議，認為這麼做太正經八百、太不浪漫，也太不自然。但除非特別撥出時間，安排適合的條件，否則不可能真正傾聽。當其中一人在開車、煮飯或感到睏倦時，談話很難不受干擾或草草結束。幾乎每逢成功完成一次真心傾聽，我們都會聽到一方興奮地說：「我們結婚二十九年，但以前我從不了解你。」這時可以確知，這段婚姻已經開始成長。

傾聽的能力可以靠練習改善，不過還是需要努力。儘管一位優秀的心理醫師，最主要的先決條件可能就是用心傾聽，但我也不時發現自己在治療過程中不慎分心，沒有好好聽病人訴說。有時我會完全不知道病人在說些什麼，這時只好說：「對不起，我剛才一時分心，沒有好好聽你說話，你能否把剛才那幾句話再說一遍？」

有趣的是，病人對此通常並無怨言。他們似乎憑直覺了解，我能發現自己聽漏了話，就是因為其他時間我一直都很用心在聽。我承認分心，無異向他們保證：大部分時間，我都把他們的話聽在耳裡。這種有人傾聽的感覺，本身就極具療效。不分成人孩童，大約有四分之一的案例，在心理治療還沒觸及真正問題的頭幾個月內，病情已有顯著進步。我認為，這現象主要是因為病人多年來首次找到人用心聽他們說話，甚至是他們有生以來第一次有這種經驗。

高品質的陪伴

傾聽雖是關懷最主要的形式，但其他形式的關懷在愛的關係中也很重要，對兒童而言尤其如此。遊戲也是一種關懷：跟幼兒玩拍拍手、躲貓貓；跟六歲孩子玩魔術表演、釣魚、捉迷藏；跟十二歲孩子打羽毛球等。讀書給孩子聽是一種關懷，和他們一起做功課亦然。家庭活動也很重要：看電影、野餐、開車兜風、旅行、看球賽等。有的關懷形式純粹為了孩子：例如坐在沙灘上照顧一個四歲大的孩子，或接送小學階段的孩子到各個地方去。這些關懷都有一個共同點——用心傾聽也一樣——就是你得花時間在他們身上。基本上，關懷就是花時間共處，關懷的品質與這段時間內集中精神的強度成正比。

如果運用得當，跟孩子一起從事活動的時間，將帶給父母許多觀察、了解孩子的機會。孩子如何面對失敗、如何做功課、如何學習；他們喜歡什麼、不喜歡什麼；什麼時候勇敢、什麼時候害怕——對充滿愛心的父母而言，這都是不可或缺的資訊。

跟孩子一起活動的時間，是父母教導孩子生活技巧、訓練紀律的好機會。活動中的觀察與教誨也是遊戲治療法的基本原則，收效宏大。經驗豐富的兒童心理專家會靈活運用跟兒童病人遊戲的時間，進行診斷與治療。

8 愛的風險

擴充自我，可說是使自我進入全新的陌生領域，變成不同的新自我。我們做不熟悉的事，我們改變。改變、不熟悉的活動、不熟悉的環境和不同的處事方式，在在令人害怕。這情況永遠不會改變。一般人有幾種處理恐懼的方式，只要真的改變，恐懼就躲不掉。勇氣並非不害怕，它只是能讓人無視於恐懼而採取行動，不顧隨恐懼而來的退縮心理，邁向未知的未來。

如果你有上教會的習慣，或許會注意到一名婦人，每個週日都在聚會開始前五分鐘準時來到，坐在教堂後面靠邊的位子上。禮拜結束，她就悄無聲息很快走到門旁，牧師還沒來得及走到門口跟每一個人打招呼寒暄，她已無影無蹤。如果你夠神通廣大，有法子接近她，請她聚會後到團契喝杯咖啡聊聊天，她會緊張地道謝，避免跟你目光接觸，告訴你她另有重要的約會，然後一溜煙跑掉。如果你尾隨於後，想看看她有什麼樣的重要約會，你會發現她直接快步回家——通常是一座窗簾全部低垂的小公寓——一進門就立刻鎖門，直到下個週日才會再度在教會露面。

進一步觀察，你可能會發現她在一家大公司裡做打字員之類的基層工作。她無言地接受任務指令，做得毫無錯誤，從來不發表自己的觀感，吃午餐時也不離開座位，沒有朋友，總是走路回家，途中在超級市場添購日用品及食物，一進家門就直到第二天上班才會再出來。

週末下午，她可能一個人到電影院看場電影，她有電視，但沒有電話，幾乎從沒有信件。如果你找到機會跟她說，她看起來很寂寞，她會說她喜歡這樣。如果你問她可曾養過寵物，她會說，她養過一隻狗，非常愛牠，可是狗八年前死了，此後再也沒有一隻狗能取代牠的地位。

這個女人是誰？我們無從得知她內心的祕密，只知道她盡一切努力避免冒險，在這過程當中，她的自我非但沒有機會擴大，而且愈縮愈小，縮到幾乎不存在。她從不把心神灌注在任何事物上。

9 受拒與失落

當然，我說過貫注不是愛，可是貫注是愛的起點。遭受拒絕與損失的風險也隨貫注而來。接近一個人，就得承擔那個人離你而去的危險，讓自己回到跟從前一樣寂寞孤單的處境。

愛任何有生命的東西，不論是人、寵物或盆栽，他們都可能死亡。信任任何人，你都可能受傷；倚賴任何人，他們都可能令你失望。貫注的代價就是痛苦。如果一個人決心不冒痛苦的危險，生活中就必須剔除許多東西：子女、婚姻、性的愉悅、野心、友誼——所有使人生多采多姿而有意義的東西。向外發展和成長，除了痛苦，也會收穫快樂。完整的人生雖然充滿痛苦，但此外唯一的選擇就是根本不去生活。

生命的本質就是改變、不斷的成長與衰退。選擇生活與成長，也就選擇了改變與死亡的可能。前面描述的婦人落入那種孤立狹隘生活的原因，很可能是因為一連串死亡的經驗使她感到太痛苦，決心再也不要接觸死亡，即使因而放棄生活也在所不惜。她從此開始逃避成長與改變，過著一成不變的生活，猶如行屍走肉，不再面對任何挑戰。

逃避受苦的動機，是所有心理疾病之源。當然，絕大多數心理病人（因為幾乎每個人都或多或少有點經神官能症傾向，所以非病人也可以包括在內），要想直接而清醒地面對死亡，都有困難。如果能接受死亡是我們永遠的伴侶，在人生道路上比肩同行，那麼不如把它視為「盟友」，雖然有點可怕，卻也不斷提供睿智的忠告。在死亡的指引下，我們才會察覺人生與愛的時間是多麼有限，應該善加把握與發揮。但如果不願面對死亡的存在，就不能從中獲得啟示，生活與愛也變得含糊曖昧。如果逃避萬事萬物永遠在改變的本質、逃避死亡，也就無可避免地錯過了人生。

人生就是冒險，在生活中投入愈多的愛，冒的險也愈大。我們一生中冒的風險數以千計，甚至數以百萬計，其中最大一樁就是成長。

成長也就是走出童年，邁向成年。事實上，它可說是猛力一躍向前，而不僅是舉足跨一步而已。很多人畢生都沒有真正跳過去；這些人儘管貌似成人，甚至事業成功，但大多數成年人到死為止，心理上還像孩子，不曾擺脫父母的影響而獨立。

10 獨立自主

我很幸運，在十五歲快過完時就躍出這一步。當時體會到的成長本質與其間涉及的龐大風險，留下深刻的印象，至今令我難忘。雖然這是出於自覺的決定，可是我當時並不知道這麼做就是成長，我只知道自己正躍入一個未知的世界。

十三歲時，我離家住讀一所聲譽極隆的預科學校艾斯特中學，我哥哥也讀這所學校。我知道自己很幸運，因為艾斯特中學是公認的明星學校，畢業生十拿九穩可進入常春藤名校的一流大學，然後順理成章加入社會菁英階層，成功的大門將對我這種學歷背景的人敞開。

我慶幸自己生而擁有富裕的雙親，供應得起「用錢買得到的最好的教育」，擁有如此美好的遠景，使人充滿了安全感。唯一的問題是，幾乎打從一入學，我就覺得格格不入。至今我還不明白自己為什麼會有這種感覺，我好像就是無法適應，跟老師、同學、課程、校內建築、社交生活乃至整個環境都合不來。但似乎除了努力糾正自己的缺點，追隨精心設計的前途外，沒有更好的法子。

經過兩年半的努力，我愈來愈覺得生活沒有意義，也愈加悶悶不樂。最後一年中，我除了睡覺，幾乎什麼也沒做，因為只有睡覺才比較舒坦。現在回想起來，睡眠中我可能已經下意識在為即將來臨的向前一躍做準備。三年級回家度春假時，我宣布不想再回那所學校，我父親說：「你不能放棄，這是錢買得到的最好的教育機會。你難道不明白自己白白放棄的是什麼嗎？」

我回答：「我知道那是所好學校，可是我不回去了。」父母異口同聲的問：「你為什麼不想法子適應？再試一次？」

我很沮喪地說：「我不知道。我甚至不明白我為什麼這麼討厭它。可是我再也忍受不下去了。」

「好吧，既然這樣，你打算怎麼辦？你似乎不把自己的將來當一回事，你究竟有什麼計畫？」

我更加沮喪地回答：「我不知道。我只知道我不要回學校。」

可想而知，我父母為此大感驚慌，他們帶我去看心理醫師。醫師說我極為沮喪，建議住院一個月，並且給我一天的時間決定該怎麼辦。

那天晚上，我有生以來第一次考慮要自殺。既然醫師說我極度沮喪，住精神病院似乎很合理。我哥哥對學校生活適應得很好，為什麼我不行？我知道不能適應都是自己的錯，我覺得低能、愚蠢、一文不值，更糟的是我覺得自己瘋了。父親說得很好：「白白放棄這麼好的教育機會的人，一定是瘋子。」

回到艾斯特，就是回到安全、正當、被社會認可、具有建設性的一切。但我內心深處知道，那不是我的路。前途茫茫、不確定、不安全、不獲讚許、不可預測。選擇這樣一條路的人，無疑是神智失常了。我非常害怕。

勇於追求生命躍進

就在最沮喪的時刻，從潛意識中湧現了一串字眼，猶如神諭，而不是我自己的聲音：「人生唯一真正的安全感，來自充分享受人生中的不安全感。」儘管我的行為跟社會公認的典範不合，使我顯得像個瘋子，但我決心要做自己，於是安然睡去。第二天一早，我去見心理醫師，告訴他我決心不回艾斯特，但我願意住院。我一躍進入了未知的世界。我親手掌握了自己的命運。

成長的過程通常進行得極為緩慢，其中有不少次進入未知世界的小躍進，例如八歲的孩子首次一個人騎腳踏車去鄉下小店購物，十六、七歲的少年初次與異性約會等。如果你不認為這些算得上風險，一定是已全然忘記了當時心中的緊張與焦慮。即使是最健康的青年，在剛開始加入成年人活動時，除了興奮熱切的心情，也一定會遲疑怯場，希望退回熟悉安全的場所，繼續做一個凡事倚賴的孩子。

同樣的，在比較微妙的層次上，成年人也有這種矛盾。年紀愈大，愈不願擺脫已經熟悉而且習慣的事物。我一直嘗試用不同的方法做事，因而不斷接觸到使自己成長的機會。我仍在成長，但是還不夠快。各式各樣的小躍進之中，也有些意想不到的大躍進。離開艾斯特，無異是放棄教養環境所重視的全套生活模式與價值觀。很多人一輩子不曾做過這麼大的改變，往往也因而不曾真正的成長。儘管他們外表像成年人，心理上仍倚賴父母。他們繼承上一代的價值標準，做事都要父母批准，從來不敢真正主宰自己的命運。即使父母已過世，仍遵照父母的意旨行事。

雖然較大規模的前躍大部分發生在青春期，但在任何年齡都有可能。有位三十五歲、三個孩子的母親，久處丈夫專斷獨行、自我中心的統制之下，她漸漸痛苦地覺悟對丈夫和婚姻的倚賴，實在已剝奪了一切的生趣。他使她企圖改變婚姻的一切努力都歸於徒然。她鼓起無比的勇氣離了婚，在他的指責和鄰居的批評之下，帶著孩子冒險走向不可知的未來，有生以來第一次真正成為自己。

又有一位五十二歲的企業家，在心臟病發作後極為沮喪。他回顧爭名逐利的一生，覺得一切都毫無意義。經過長時間反省，他覺悟自己一直在尋求專制而好批評的母親的認可；他拚命苦幹，只是為了達到她眼中的成功標準。於是有生以來第一次甘冒違抗她心意的大不韙，不顧習慣錦衣玉食的妻兒反對，到鄉下開了一家專門整修骨董家具的小店。在任何年齡從事像這樣獨立自主的改變都很痛苦，需要過人的勇氣，這常常是接受心理治療的結果。這倒不是因為心理治療可降低風險，而是因為心理治療能提供支持，激勵勇氣。

投身於追求獨立的冒險是自愛的實踐，但除了擴充自我、追求自我成長的意願外，冒險的勇氣還需要更廣大的基礎。以我為例，父母自小傳遞給我的訊息，使我相信不論我如何改變，都還是個好人，他們讓我得知：「你是我們鍾愛的美好的人。你只要做你自己就夠了。只要你是你，不論你做什麼我們都一樣愛你。」父母之愛造成的安全感反映在我的自愛之中，若是沒有他們，我一定不敢選擇未知的前途，而寧可抹煞自己的個性，追隨他們安排的模式生活。

唯有當人躍入一個能發揮個人獨特性的未知世界，擁有完整的自我與心理的獨立時，才能自由地邁進心靈成長的更高層次，並自由地展示最高境界的愛。一個人成家、立業、生子，如果只是為了滿足別人或整個社會的期待，投入的層次就可說是等而下之。最高形式的愛，必定是全然自由的抉擇，而不僅是服膺成規而已。

11 全然投入

不分層次高低深淺，投入都是真愛的基石。投入程度深雖不能保證一定成功，但至少有很大的幫助。開始時膚淺的投入，應該隨時間增長，否則，感情關係無可避免會逐漸瓦解，或一直顯得極為脆弱。

以我自己為例，直到踏入結婚禮堂為止，我一直很鎮定，但一步步往前走，我開始全身發抖，緊張得完全不記得婚禮的過程和後來發生的任何事。婚禮後的投入，是夫妻得以把墜入情網的迷惑轉化為真愛的原動力。同樣的，生兒育女後的投入，使我們從生物傳宗接代的本能成熟為真正的父母。

所有以真愛為基礎的感情關係之中，都有投入的成分。所有真誠關懷另一個人心靈成長的人，都會意識到或直覺地知道，只有在持之以恆的關係當中，成長才會持續不斷。孩子若感到將來渺茫難測，隨時擔心遭到遺棄，心理就永遠不可能臻於成熟。夫妻之間面臨倚賴與獨立、操縱與屈服、自由與忠貞等問題時，若不能確信衝突不至於毀滅既有的關係，就很難循健全的途徑謀求解決之道。

難以投入是心理失調的主要病因。人格失調者投入的程度都很淺，如果情況嚴重，很可能完全沒有投入的能力。這倒不見得是因為他們害怕投入所帶來的風險，而是他們可能完全不懂投入是怎麼回事。因為童年時期，父母沒有投入在他們身上，所以他們一直到長大成人，從未有過投入的經驗。因此投入這回事，超乎他們的理解能力之外。

另一方面，精神官能症患者通常都能了解投入的意義，但往往因恐懼而失去行動力。他們的童年時代，父母多半都還算投入，這幫助他們建立了雙向的投入關係。但是後來這份親情因死亡、遺棄或其他原因終止，使孩子的投入再也得不到回報，變成痛苦的夢魘。他們自然而然會害怕再次投入，這樣的創傷，只有等到日後建立令人滿意的投入關係，才能癒合。

因此，「投入」在心理治療當中是重要的基石，有時我想到又要接受一位新病人的長期重擔，就不寒而慄。一名心理醫師從事初步治療工作，跟新病人建立良好的關係時，他必須像真正富於愛心的父母照顧子女一般，全心全意投入，他對病人不變的關懷，也將在經年累月的治療過程中遭受考驗，獲得證明。

原生家庭帶來的陰影

二十七歲的瑞秋是個冷淡拘謹的女子，她在短暫的婚姻宣告結束後來看我。她的前夫馬克因為受不了她的冷感而離開。瑞秋說：「我知道自己冷感，本來以為馬克能溫暖我。這不是馬克的問題，我跟任何人在一起都享受不到性的樂趣。老實說，我也不是很想從性上面找到樂趣。我有時認為應該改善這個問題，因為我也希望有一天像正常人般擁有愉快的婚姻生活——而正常人幾乎都相當能享受性。另一方面，我又覺得現在的自己已經夠好。馬克總是叫我放鬆，看開點，其實，我想即使做得到，我也未必願意放輕鬆。」

治療進行到第三個月時，我向瑞秋指出，她每次來，甚至在坐下之前，就至少跟我說兩次「謝謝」，第一次是我們在候診室裡見面時，第二次是她走進我的辦公室時。她問：「多禮有什麼不好？」

我說：「沒什麼不好，只是沒有必要。你表現得像個沒把握會不會受歡迎的客人。」

「可是我本來就是客人呀，這是你的診所嘛！」

「沒有錯，但是你已經付了錢，這段時間裡，這個空間屬於你。你有權利，你不是客人，這間辦公室、這間候診室，還有我們共處的時間，都是你的。你已經花錢把它們都買下來了，為什麼還要為本來該屬於你的東西道謝呢？」

瑞秋驚訝地說：「我不相信你真的這麼想。」

我立刻反駁：「那麼你一定也以為我隨時會把你趕走囉。你一定認為可能有一天我會說：『瑞秋，你的病例實在無聊透頂，我不要再替你看病。走吧！祝你好運。』」

她說：「這正是我的感覺。我從來不覺得自己有任何權利，尤其是向別人做任何要求的權利。你的意思是說，你不能趕我走嗎？」

「當然能，可是我不會這麼做，也不想這麼做，這有違醫德。我接受像你這樣的長期病人時，就已經對你和你的病情做了承諾，我承諾投入你的治療工作，只要有需要，我會一直跟你合作，不論五年或十年，直到你的問題解決或你決定提前退出為止，決定權完全在你手中。除非我死亡，否則只要你需要我的服務，我絕不會拒絕你。」

瑞秋的問題並不難了解。治療一開始，她的前夫馬克就告訴我：「瑞秋的母親要負很大的責任，她是一流企業中一流的總經理人才，但不是個好母親。」瑞秋生活在表現不佳就會被家庭開除的陰影之下，在家中從沒有安全感，母親對待她的態度就像雇員，瑞秋只有照預定的期望達到各項生產標準，地位才有保障。既然她從小在家裡都沒有安全感，跟我相處時，又怎麼可能覺得安全呢？

父母不能投入親子關係所造成的長期傷害，光靠幾句口頭的慰藉是不可能癒合的。治療進行一年多以後，我常跟瑞秋討論她從不在我面前哭泣的現象——這是她不能「放鬆」的一項證據。有一天，她正敘述自己永遠提高警覺、防範別人帶來的寂寞與痛苦，我察覺只要再一點鼓勵，她的眼淚就會奪眶而出，因此我做了一件在我們的治療關係中頗為反常的事，我伸手輕撫她的頭髮，柔聲說：「瑞秋真可憐，瑞秋真可憐。」但這一步並未成功。她突然直挺挺地坐起身，眼睛乾乾地說：「我辦不到，我就是不能放輕鬆。」

下次治療開始時，瑞秋進了我的辦公室，並未依例躺在長椅上，她坐正對我說：「好了，輪到你說了。」

我問：「這是什麼意思？」

「你得告訴我，我的問題在哪裡。」

我困惑地說：「我還是不懂你的意思。」

「這是我們最後一次治療，你要把我的毛病做個總結，並且告訴我，你為什麼不能再為我治療。」

「我根本不明白你的話。」

輪到瑞秋覺得困惑了。她說：「上次你不是要我哭嗎？許久以來，你一直希望我哭給你看，上次你盡可能地幫助我，可是我就是哭不出來，所以你一定打算不要再治療我了。我達不到你的要求，所以今天應該是我們最後一次治療。」

「你真的以為我會放棄你，是不是？」

「是啊，任何人都會這麼做的。」

「不對，不是任何人。你母親或許有可能，但我不是你母親，不是世界上每個人都會像你母親一樣。你不是我的雇員，你來這兒不是為了做我要你做的事。你來是為了做自己要做的事，而且是在自己選擇的時間做。我或許會催促你，可是我沒有權力強迫你，你愛來多久就可以來多久。」

怕失落而不期不待

童年時代未曾得到父母關愛投入的人，成年後往往會發生「先發制人遺棄對方」的併發症。這種併發症有很多形式，瑞秋的冷感就是其中之一。雖然瑞秋沒有意識到這一點，但她的冷感不啻是在向丈夫和過去的男友宣告：「我不會把自己交給你，因為我知道你早晚會遺棄我。」對瑞秋而言，在性或任何其他方面任其發展，都是一種投入的行為，而當過去的經驗顯示投入都得不到回報時，她當然不願意再重蹈覆轍。

瑞秋跟人愈親近，「我要先發制人遺棄你」的併發症壓力就愈大。經過一整年每週診治兩次後，瑞秋說她無法再負擔每週八十美元的治療費。她說，離婚之後手頭一直很拮据，只能一週來一次。從現實層面考慮，這藉口很荒謬；我知道瑞秋繼承了一筆五萬美元的遺產，而且有一份固定的工作，她出身古老而富裕的家族，經濟根本不可能有問題。

正常情況下，我會跟她爭辯，指出她比我大部分的病人更有能力負擔診療費，她顯然企圖用錢做藉口來逃避跟我接近。另一方面，我也知道，繼承遺產對瑞秋的意義不僅是錢而已，它不會背棄她，永遠屬於她，是她在這個全無投入感的世界裡最大的保障。雖然教她割捨一部分遺產付我的費用，毫不違背常理，但我擔心她還沒有這方面的心理準備，如果我堅持，她很可能就此消失無蹤。

既然她說每週只勻得出五十美元，因此打算只來看一次病，我就告訴她，我願意把治療費減為每次二十五美元，她還是可以來兩次。她用混雜著恐懼、不可置信和狂喜的表情瞪著我說：「你說真的嗎？」我點點頭。沉默了許久，瑞秋終於淚光閃爍：「我家境富有，鎮上所有商人都盡可能收我最高價，你卻給我折扣，過去從來沒有人這樣對我。」

接下來一年當中，瑞秋一直陷於是否要讓這段共同投入的關係繼續發展的掙扎當中。她數度試圖退出，但每次都在我連續一、兩週的電話與信件勸說下，再次回頭。

最後，治療將滿兩年時，我們終於能更直接面對問題。我得知瑞秋會寫詩，要求拜讀她的作品，她先是拒絕，後來答應了，卻又連續好幾週「忘了」帶。我指出，不讓我看她的詩作，跟不讓馬克和其他男人在性方面接近她，其實是同一回事。她為什麼覺得讓我看她的詩是代表全然投入？她為什麼覺得分享性生活也是類似的全然投入？如果我對她的詩沒有反應，那是否代表我排斥她？我是否會因為她的詩不夠好，而中止這段友誼？說不定分享詩句，反而會加深我們的關係？她為什麼害怕這種深入的關係？

瑞秋到第三年才完全相信我會全然投入的承諾，開始「放鬆」，而且冒險讓我看她的詩。她在我面前能夠傻笑、放聲大笑和開玩笑。我們過去僵硬而正式的關係，開始變得親切自然而愉快。她說：「我從來不知道跟別人輕鬆相處是怎麼回事。這是我有生以來第一次覺得有安全感。」

在我們共處中培養的安全感，讓瑞秋逐漸有能力發展其他人際關係。她現在知道，性不是一項投入的承諾，而是自我的表現、遊戲、探索、學習與快樂的放縱。她知道每當她挫折受傷，我會永遠像她不曾擁有的好母親一般，聽她傾吐委屈，她大可以放任「性」趣自由奔馳，冷感也一掃而空。第四年她中止治療時，已變成活潑、開放、熱情的人，能充分享受人際關係的好處。

無懼改變與挑戰

投入治療的風險，不但是投入本身有風險，自我的挑戰與修正也構成風險。我在前面討論紀律與忠於真理時，曾經詳細討論過改變一個人的現實觀、世界觀與感情轉移的難處。但為了不斷的擴充自我，開發人際交往的新領域，把愛當作生活的重心，改變就在所難免。

心靈的成長歷程中，經常必須與新世界觀同步調整行動。這種跟過去截然不同的行為，可能代表非同小可的個人冒險：一名膽怯的同性戀青年男子首度主動邀女孩子出去；從不肯相信任何人的人，第一次躺在心理分析師的病榻上；一個倚賴心極重的家庭主婦，向專制的丈夫宣稱，不管他同意與否，她已經找到一份工作，她要過自己的生活；五十五歲的乖兒子告訴母親，以後不要再用兒時那個稚氣可笑的小名叫他；刻薄無情、故作強人狀的男人，第一次在大庭廣眾下流淚；或是像瑞秋那樣的「放鬆」，第一次在我的辦公室裡哭泣。

諸如此類的行動，比士兵打仗帶來更令人擔心害怕的個人風險。士兵有槍抵在背後，想逃也無從逃起。但追求成長的人，卻能輕易遁入過去，恢復以往熟悉而囿限的生活方式。

成功的心理醫師在心理治療的關係中，必須跟病人付出同樣的勇氣與投入。醫師也要冒改變的風險。我曾經打破很多心理治療法則，不是因為我違反自己的訓練或懶惰，而是當時病人的狀況，迫使我必須脫離傳統而安全的治療者角色，甘冒與眾不同和反傳統的風險。

回顧自己每一件成功的案例，都可以看出我面臨抉擇的轉捩點。在這些關頭，治療者承擔痛苦的意願，就是治療的根本要素。當病人領會到這一點，這一步行動也具有療效。治療者經由這種擴充自我，為病人受苦，也跟病人一起受苦的意願，而有所成長、改變。

好家長的角色與好心理醫師的角色極為類似。傾聽子女說話，也涉及自我的擴充，為了因應他們健全的需求，我們必須改變自己。唯有心甘情願承受這樣的痛苦與改變，才能成為孩子真正需要的父母。也因為孩子不斷成長改變，我們必須跟著一起成長改變。

很多父母在子女到達青春期以前都適應得很好，但接下來就做不到了，這是因為他們不再能適當地改變和調整自己的態度。有人把父母為子女所經歷的痛苦與改變，視為自我犧牲或殉難，事實不然，最終父母的收穫可能比子女更大。父母向子女學習，就不愁與時代脫節。這其實是追求有意義的晚年最好的機會，可惜大多數人都白白放過這個機會。

12 批評與衝突

最後一項，也可能最嚴重的愛的風險，就是當面批評。當面批評他人，就等於告訴對方：「你錯了，像我才對。你應該改變。」批評別人很容易，包括為人父母者、為人配偶者，幾乎每個人都把批評別人當作家常便飯。但這類批評往往出於一時衝動，蘊含著憤怒與不滿，不但沒有啟發作用，反而使這個世界更形混亂。

真正具有愛心的人，不輕易批評別人或與人衝突，因為他知道此舉可能造成傲慢的印象。跟所愛的人衝突，無異自命道德或知識上高對方一等。但是真心相愛的話，一定會承諾對方是跟自己不同的獨立個體。在這樣的認知下，他不會隨便對心愛的人說：「我對，你錯，我比你更清楚怎麼做對你有好處。」不過現實生活當中，有時候一個關懷的旁觀者確實會比當事人更清楚怎麼做更好，而在特殊狀況下，這個人也可能擁有更高的道德或知識判斷力，這時他有義務向另一方當面指出問題的癥結。

因此，愛人者經常處於兩難的困境當中，一方面要尊重所愛的人的生活獨立，一方面又要適時提供愛的引導。

唯有不厭其煩地自我分析，才能幫助我們脫離這種困境，愛人者必須嚴格檢討自己的「智慧」是否真的有價值，以及自己的動機。「我真的看清了情況，還是僅僅含混的假設？我真的了解我所愛的人？有沒有可能他的選擇並沒有錯，只因為我自己的認識有限，才覺得這項選擇不夠明智？我認定所愛的人需要我的指引，是否出於自私自利？」真正以愛為出發點的人，應該經常問自己這些問題。自我反省的本質就是謙遜，正如一位佚名的十四世紀英國僧侶所說：「謙遜乃是真正的自知之明，凡是認清自己、了解自己的人，表現於外一定十分謙遜。」

從愛的謙遜裡生出勇氣

有兩種採取對立立場，批評別人的方式。一種是憑直覺，相信自己一定正確無誤；另一種則是經過審慎的自省，認為自己很可能是對的。前者是倨傲的方式，但父母、配偶、老師或一般人，最常採用這種方式，結果往往招致怨恨，而不是成長，還產生很多與本意不符的副作用。後者是謙遜的方式，它需要真正的自我擴充，因此也比較少見，但成功的機會大，而且據我的經驗，絕不會產生破壞性的後果。

很多人為了某些原因，會硬把批評的衝動壓抑下來，但一切就到此為止，他們躲在謙遜的陰影裡，不敢行動。

我有一個終身患有沮喪性精神官能症的女病人，她擔任牧師的父親就是上述情況最好的例子。這位病人的母親脾氣急躁易怒，在家有如暴君，她常在女兒面前毆打丈夫。這位牧師從不還手，並勸告女兒遵行耶穌的教誨，挨打時要把另一邊面頰也送上去，保持順從虔敬的態度。

我的病人來接受治療之初，對父親謙遜和充滿愛心的態度，佩服得五體投地。但不久她就覺悟，父親的謙遜其實只是懦弱，他的消極正如同母親的橫暴，使她得不到正常的父母教養。他不曾為了保護她付出任何努力，他不願與惡勢力對抗，最後女兒只好把母親的凡事操縱與父親的假作謙遜，當作人生的榜樣。

在該挺身而出、用批評滋養心靈成長的時刻不行動，跟不經大腦的批評譴責，同樣是愛的剝奪。真心愛護子女的父母，必須隨時謹慎但主動指出孩子的錯誤，也隨時容許孩子指出自己的錯誤。同樣的，夫妻之間如果要借助婚姻引導對方的心靈成長，對立場面也不可或缺。夫妻成為彼此的最佳批評者，才是成功的婚姻。友誼也一樣。

傳統觀念認為，友誼應該不產生衝突，互相吹捧奉承才能持久。這種關係其實非常膚淺，不配稱為友誼。所幸社會對友誼的觀念已開始變得更深入。以愛為出發點的批評，才是成功而具有意義的人際關係最重要的一部分。

對立或批評也是領導或權力的表現方式。權力的表現無非就是企圖改變人或事的發展過程。跟別人對立或加以批評，目的就是希望改變這個人的生活。但是，除了對立與批評，顯然還有更好的方法促成改變，例如提出建議、利用譬喻、賞罰、質疑、禁止或批准、創造某種經驗等，這些足夠寫出一本洋洋灑灑的大書，最重要的是付出愛的一方投入改變的努力。唯有投入自我，才能有效滋養對方的心靈成長。

例如，充滿愛心的父母必須先檢討自己和自己的價值觀，才能決定什麼對子女最有益處。接著，他們必須仔細考慮孩子的個性與能力，以決定用什麼方式影響孩子最能立竿見影。用對方不能接受的方式與之對立，根本是浪費時間，有時還會收到反效果。要別人聽從，必須說他聽得懂的話，要求也要在對方的能力範圍之內。為了愛，就該擴充自己，根據所愛者的能力調整溝通的條件。

行使愛的權力需要下很多工夫，其中也涉及不少風險。問題在於愛得愈深，人就愈謙遜，愈謙遜的時候，行使愛的權力本身潛伏的傲慢成分，就愈令人卻步不前。我憑什麼影響一個事件的發展？我有什麼權力決定哪些事對我的孩子、配偶、國家或全人類有益？誰賦予我堅持自己的理解正確無誤，並且把自己的意願強加於別人身上的勇氣？我怎敢扮演上帝？這些都是風險。

大部分的父母、老師和領袖做決定時，並沒有考慮到立足點的問題。如果行使權力時沒有具備愛所要求的完整自知做後盾，不出紕漏可以說是運氣，實際上很危險。真正以愛為出發點的人，會致力尋求必備的智慧，因為他們知道扮演全知全能者的嚴重性。但他們也知道，除此之外，別無選擇。

愛逼迫我們在了解一切後果之下扮演全能者，這種認知使具備愛心的人不得不謹慎，力求毫釐不差地達成上帝的意願。因此也產生了矛盾的結論：唯有從愛的謙遜裡才能產生勇氣。

13 真愛與紀律

自律的力量從愛而來，而愛則是一種意願。由此推論，自律不但是愛的行動，而且任何真心付出愛的人都會自律，甚至所有真誠的愛的關係，都是有紀律的關係。真正愛一個人，一定會節制自己的行為，以期促成對方心靈成長，臻於最高境界。

我曾接觸過一對年輕、聰明、有藝術氣質的夫婦，他們為時四年的婚姻生活，幾乎天天吵架，甚至砸家具，大打出手，經常外遇，不時鬧分居。治療開始後不久，他們就發現，治療會改善他們的自律，使婚姻趨於正常。但他們說：「你要剝奪我們的熱情，你的愛情和婚姻觀裡，沒有熱情生存的餘地。」然後幾乎立刻中止治療。大約三年後，聽說他們又看過幾位心理醫師，然而婚姻的混亂狀況始終不見改善，各人的生活也依舊一無所成。這樣的生活或許多采多姿，就像幼童畫畫一般，任意把色彩塗在畫紙上，有時倒也頗具吸引力，但不免顯得單調。換成林布蘭色調黝暗而控制得當的作品，不但有色彩，且更具獨特而豐富的內涵。

熱情是極為深刻的感情。漫無節制的感情絕不會比有紀律的感情更深刻。古諺說：「淺溪流水聲喧。」又說：「深潭無波。」一個能充分掌握自己感情的人，絕不能說是不熱情的人。

做感情的主人

人不該被自己的感情奴役，但也不能把感情壓抑得近乎不存在。我常告訴病人，感情是他們的奴隸，自律就是一門蓄奴的藝術。感情是活力的來源，幫助我們達成生活的種種需求。正因為它替我們工作，我們應該尊敬它。蓄奴者常犯的兩個錯誤正好是統御術的兩大極端：一種是對奴隸完全不加約束，既不給予明確指示，也不表明誰是老闆，假以時日，奴隸當然就不再工作，跑到主人的華廈裡為所欲為，不久主人就發現自己變成了奴隸的奴隸，像上述那對有人格失調的夫婦一般生活在混亂之中。

與此成對比的另一種錯誤領導，經常出現在罪惡感深重的精神官能症患者身上，主人極其擔心他的奴隸（感情）造反，只要一有徵兆，就先把他們毒打一頓或施加更嚴厲的處罰，結果奴隸若非變得消極而生產力減低，就是蠢蠢欲動伺機叛變。總有一天，奴隸主會發現惡夢成真，奴隸一舉攻占他的華屋，這也就是某些精神病和絕大多數精神官能症的起因。

處理感情的中庸之道需要相當複雜的平衡技巧，不斷地做判斷與調整。主人必須尊重奴隸（感情），給他們良好的食物、住所、醫療照顧，對他們的聲音有反應，鼓勵他們，關心他們的健康，但同時也要把他們組織起來，設定界限，下達命令，指揮他們，教導他們，清楚地讓他們明白誰是老闆。這才是健全的自律之道。

愛的感覺就是必須以這種方式約束的感情。前面說過，這不是真愛，而是跟心神灌注有關的感覺。愛能產生創造的活力，值得重視與培養，但如果任它猖獗，結果非但不是真愛，反而會造成混亂和生產力停頓。真愛涉及自我的擴充，需要大量的精力，而我們的精力，不可能如此去愛每一個人。誠然我們可能對全人類懷有愛的感覺，而且這種感覺足以帶來足夠的精力，向少數特定的對象表現真愛，但我們付出真愛的能力不過如此。如果硬要超越精力的極限，透支能力，愛的企圖就會變質成為欺騙，甚至傷害想幫助的人。

因此，如果幸運地被很多人需要，我們必須從中選擇真正愛的人去照顧。這是種艱難的選擇，甚至很痛苦。應該考慮的因素很多，但最主要的是，接受愛的對象能因而獲致心靈的成長。這方面的能力因人而異，但無可懷疑的，很多人把心靈藏在無法穿透的盔甲後面，使任何滋養他們心靈的努力都幾乎注定失敗。愛一個無法因你的愛而得到心靈成長的人，就像在旱地上撒種，是精力的浪費。真愛極其珍貴，有能力真心愛人的人，都知道該用自律促進愛的生產力。

滋養自我與他人

相對的，能同時愛一個以上的人，同時維繫數個以真愛為出發點的關係，對一些人而言，是有可能的。不過，這件事本身有些問題。首先，浪漫之愛有個迷思，認為某些人生來就是「天造地設的一對」，換言之，他們跟任何其他人都不配。這個迷思認為，愛情關係（尤其是性關係）完全容不下第三者。這種迷思或許能促進人際關係的穩定與豐饒，使大部分的人將以真愛為基礎的關係，只局限在配偶與子女身上。事實上，若能做到這地步，確實已比其他多數人一生的成就來得高。然而有些人未能建立以愛為基礎的家庭，不斷向家庭之外尋求愛的關係，確實是很可悲的。真愛最重要的一項義務，就是對自己的配偶和子女負責。

有的人在家庭中成功建立了出於真愛的關係後，還有充分的愛的能力，對這種人而言，一對一的迷思不僅虛偽，而且不必要地限制了他們奉獻自己的機會。克服這種限制並非不可能，但需要強大的自律，才能在擴充自我的過程中，不至於「沖淡了自我」。著有《新道德》（*The New Morality*）一書的神學家佛萊契（Joseph Fletcher），有次跟我的一個朋友談到這問題，他說：「自由的愛是一種理想。可惜很少人能達到這種理想。」他的意思是，很少人有足夠的自律，能同時在家庭內外維持以真愛為基礎的建設性關係。自由與自律必須相輔相成：少了真愛的紀律，自由就不成其為愛，反而帶來毀滅。

可能有人會覺得我太強調紀律，我主張的生活方式太過嚴峻。不斷的自律！不斷的自省！義務！責任！簡直像清教徒。但無論如何，真愛和它的紀律是追求人生極樂唯一的途徑。你在其他道路上也可能找到短暫的歡樂，但它們很快就會變得不可捉摸。

真愛之中，「我」會不斷擴充、成長，愛得愈深愈久，自我就愈大。真愛會不斷讓自我更新，愈是滋養對方的心靈成長，自己的心靈也愈能得到滋養與成長。人在愛裡成長，喜悅也隨著成長，愈來愈真切、持久。做個快樂至上的人，正如民歌手約翰・丹佛的歌「處處有愛」（*Love Is Everywhere*）：

我知道人間處處有愛
請你放心成為你自己
我相信人生完美
讓我們一同加入這場遊戲

雖然滋養別人心靈成長的行動本身，具有滋養自身心靈成長的效果，但真愛的一大特徵就是人我之間的區分並不因而泯滅。付出真愛的人永遠會把所愛的人視為完全獨立的個體，他會尊重和鼓勵對方獨立。很多人做不到這一點，心理疾病和種種本來不必要的痛苦因而產生。

14 真愛與尊重

無視別人獨立性的最極端例子是自戀。明顯自戀的人，無法理解他們的子女、配偶與朋友都有自己的情緒。我在跟一個思覺失調症病人的父母會談時，初次了解自戀是怎麼回事。姑且稱此案例的主人為蘇珊，她當時三十一歲，從十八歲開始多次企圖自殺，此後十三年，一直是各醫院與精神療養院的常客。多虧以前各心理醫師的悉心照顧，她的病情已有起色。我接手那幾個月，她正漸漸學會相信別人，並且有了分辨哪些人值得信賴的能力，她能接受自己罹患思覺失調症的事實，並培養面對疾病的自律，尊重自己，照顧自己而不倚賴別人。由於進步神速，我認為蘇珊不久之後就可以出院，獨立生活。

就在這時，我會見了她的雙親，一對五十來歲，談吐高雅的富裕夫婦。我很高興地說明蘇珊的進步，並詳細解釋我感到樂觀的原因，不料蘇珊的母親隨即痛哭失聲。起初我以為那是快樂的眼淚，但她臉上的表情明確的極為哀戚，最後我只好問：「我說的都是好消息，你們為什麼要難過呢？」

她說：「我當然難過，想到蘇珊受的苦，教我怎能不流淚？」

我不厭其煩地解釋，儘管蘇珊確實在患病期間受了很多苦，但也從中學會很多，眼看著就要脫離苦海了。照我判斷，她未來不至於會比其他成年人更痛苦。事實上，與思覺失調症對抗中學得的智慧，或許能使她以後少受很多苦。但是蘇珊的母親仍默默抽泣。

我說：「過去十三年來，你一定跟蘇珊的各個心理醫師談過很多次，相信這次是最樂觀的一次。你難過之餘，難道不覺得高興嗎？」

她淚汪汪地說：「我只想到蘇珊日子過得那麼苦。」

我說：「有沒有任何事能使你為蘇珊高興呢？」

她依舊哀哭道：「可憐的蘇珊，一輩子都在受苦。」

我忽然領悟，這位母親不是為蘇珊流淚，而是為自己流淚，她為自己受的痛苦在傷心。但我們談論的主題是蘇珊，不是她，她只好假借蘇珊的名義發洩自己的傷痛。我起初不懂她怎麼能這麼做，接著我想通了，因為她根本無法區分自己跟女兒的不同。她以為自己感覺的事女兒都會感覺到，蘇珊成了她表達自己感覺的工具。她這麼做既不是故意，也沒有懷著任何惡意，在情緒上，她一點也不覺得女兒跟她有什麼不一樣。蘇珊就是她。她不把女兒（或任何人）當作擁有獨立生命的獨立個體。在知性層次上，她知道別人跟她是不同的，但是在更基本的層次上，她根本不覺得有別人存在。在內心深處，全世界只有她，全世界就等於她一個人。

培養同理心

我從後來的經驗中發現，思覺失調症患者的母親，往往都是嚴重的自戀狂。倒不是說孩子思覺失調，母親就一定自戀，或母親自戀，孩子就一定會思覺失調。思覺失調症本身極為複雜，跟遺傳和環境都有關係，但母親自戀帶給蘇珊童年的困惑不難想見，若能目擊自戀的母親和子女相處的情形，更有助於了解這種困惑。

例如有一天下午，母親正在自哀自憐時，蘇珊上美術課得了A，帶回家給媽媽看。她正興高采烈的當兒，母親可能說：「快去睡午覺，你上學不該搞得這麼疲倦。現在的教育真糟糕，根本不照顧小孩子嘛。」另一方面，有天母親正高興的時候，蘇珊可能因為在校車上被幾名男生欺侮，回家來哭訴，母親卻說：「瓊斯先生校車開得真好。他對你們這些小孩子打打鬧鬧這麼有耐心，聖誕節你該送他一件小禮物才對。」

自戀的人無視別人的存在，只把他們當作自我的延伸，所以沒有同理心（empathy），亦即設身處地體會別人感覺的能力。自戀的父母因為不能將心比心，往往無法對子女的情緒做適切的反應，也無法認知或肯定孩子的感覺。這種處境下的孩子成年後，在認知、接受與處理自己的感覺上發生嚴重問題，也就不足為奇了。

大多數為人父母者，雖不見得像蘇珊的母親那麼自戀，卻也多多少少會忽視子女的獨特性。父母常說：「有其父必有其子」，或對孩子說：「你就跟你吉姆叔叔一個樣兒」，好像孩子只是一件遺傳基因的複製品，殊不知兩個人基因的新組合，一定會造出跟父母或任何祖先截然不同的新生命。運動家父親逼愛看書的兒子上足球場，學富五車的父親逼外向好動的兒子啃書，使下一代心中充滿不必要的罪惡感與迷惑。

一位將軍夫人抱怨十七歲的女兒說：「莎莉一回家就關在房裡寫感傷的詩句。醫師，這太病態了。她也不肯參加派對，我擔心她有病。」跟莎莉面談後，我發現她是個活潑而討人喜歡的女孩，在學校名列前茅，人緣也非常好。我告訴她的父母，莎莉完全沒有問題，倒是他們自己該放鬆，不要硬逼莎莉變得跟他們一樣。他們若要找一個肯把莎莉的特立獨行說成病態的心理醫師，只有另請高明。

來自明天的靈魂

青春期的孩子經常抱怨，父母的管教並非出於真正的關懷，而是唯恐孩子敗壞他們的名聲。幾年前，一名少年說：「我父母成天盯我的頭髮，他們說不出長頭髮有什麼壞處，只是不願讓人看見兒子蓄長髮。他們其實根本不在乎我，只怕別人對他們有壞印象。」這種怨言往往與事實相符。父母不能體會孩子獨立的人格，只把子女當作自我的延伸，跟昂貴的衣飾、修剪整齊的草坪、擦得晶亮的汽車一樣，代表他們的社會地位。

詩人紀伯侖一篇談論子女的詩，對於這種形式上雖較溫和，破壞力卻一樣龐大，而且普遍存在的父母自戀情結，有精到的批評：

> 你的孩子並不是你的。
> 他們是「生命」的子與女，產生於「生命」對它自身的渴慕。
> 他們經你而生，卻不是你所造生。
> 雖然他們與你同住，卻不屬於你。

你可以給他們你的愛，卻非你的思想。
因為他們有他們自己的思想。
你可以供他們的身體以安居之所，卻不錮範他，
因為他們的靈魂居住的明日之屋，甚至在你的夢中你亦無法探訪。
你可以奮力以求與他們相像，但不要設法使他們肖似你。
因為生命不能回溯，也不滯戀昨日。
你是一具弓，你的子女好比有生命的箭借你而送向前方。
射手看見了在無限的路徑上的標記。
而用祂的膂力彎曲了你，以使祂的箭能射得快且遠。
愉悅的臣服在祂的手中吧；
因為正如祂愛的那飛擲的箭，同樣祂也愛強固的弓。

一般人似乎都很難充分接受身邊親人的獨立性，這不但對他們的親職任務，也對所有的親密關係構成困擾。不久之前，我在一場婚姻團體治療當中，親耳聽見一名成員說，妻子的「目的與功能」，就是整理家務和做飯。這種公然的男性沙文主義令我驚

訝不已。我以為讓團體中其他成員發表對這件事的看法，或許能讓他領會到自己的觀念有誤。

更令我意外的是，竟然還有六個人，包括男女，對配偶「目的與功能」的定義，都與他大同小異。他們都以自己為中心，界定丈夫或妻子的存在價值，完全沒有考慮到對方是獨立的個體，除了婚姻，還有自己的命運。我情不自禁地說：「難怪你們的婚姻都有問題。除非你們認清每個人都有自己的獨立命運有待追尋，否則問題就會繼續存在。」團體中的人不但覺得被苛責，也感到困惑。他們挑戰地質問我，認為自己的妻子對家庭有什麼目的和功能。我回答說：「我妻子的目的與功能，是盡她所能成長，不為我個人的利益，而是為了她自己和上帝的榮耀。」他們仍然無法立即理解這種觀念。

在親密關係中保持獨立的問題，千百年來一直困擾著人類。但它在政治舞台上得到遠超過在婚姻關係之中的注意。例如純粹共產主義的哲學觀，與上述的婚姻觀就頗為類似，換言之，個人存在的目的與功能只是為家庭、團體或社會服務。小我必須為大我犧牲，個人的命運不足為道。相對的，純粹的資本主義卻一味強調個人，即使犧牲家庭、團體、社會，也在所不惜。孤兒寡婦挨餓不足惜，企業家照樣享受爭名奪利的成果。任何思維周詳的人都能輕易地看出，這兩種各走極端的手段，都解決不了人際關係中的獨立問題。

爬一座婚姻山頭

個人的健康與社會的健全息息相關。我常把婚姻比做登山的後援營地。成功的登山者一定要建立良好的後援營地，妥當安排庇護所與補給，然後來此休息和補充營養，準備攀登下一座山頭。他們都知道，籌備後援營地所花費的時間，絕不能少於實際登山的時間，因為他們的生存端視後援營地是否牢固、存糧是否充足。

傳統上，男性常面臨的婚姻問題，出在他們婚後就只管登山，棄後援營地（婚姻）於不顧。他以為營地會永遠井然有序地等他回家享用，不需要出半點力氣維護。這種「資本主義式」的作風遲早會失敗，他回家時會發現後援營地已成廢墟，妻子或因精神崩潰住院，或跟別的男人跑了，或用其他方式宣告放棄照顧營地。同樣的，女性在傳統上普遍面臨的婚姻問題，則出在那種一結婚就覺得完成人生目的的妻子身上。她把後援營地當作山巔。她完全無法理解丈夫在婚姻之外的成就與經驗，對它們充滿敵意，不斷要求他投注更多精力在家庭上。就跟所有「共產主義式」解決方案一樣，這麼做使婚姻關係變得令人窒息，束手縛腳，丈夫無法忍受之餘，很可能就謀求掙脫枷鎖之道。

婦女解放運動有助於指出唯一最理想的婚姻之道：婚姻是建立在分工合作上的制度，需要互相奉獻與關懷，投入時間與精力，它存在的基本目標就是滋養各個成員，朝各自心靈成長的顛峰邁進。不分男女雙方都要照顧營地，也都要追求進步。

我少年時代，深受美國詩人布萊絲翠（Ann Bradstreet）談到丈夫時的一句話所感動：「兩體若能合而為一，莫如我們。」但成年以後，我漸漸了解，雙方的獨立才會使婚姻生活更豐富。因害怕孤獨而結婚的人，不會成就偉大的婚姻。真正的愛不但尊重彼此的獨立，也無視分離或失落的風險，刻意培養這份獨立。唯有靠成功的婚姻或社會滋養，才能成就重大的人生旅程。

正如同所有以真愛為出發點的「犧牲」一般，為對方成長所做的一切，將帶給自我相同或更大的成長。獨力登上顛峰的個人回饋滋養他的婚姻或社會，將使婚姻和社會都提升到新層次。個人的成長與社會的成長雖然如此密切交織，但成長邊緣上的孤寂感卻是不可避免的。紀伯侖筆下的先知再次發出寂寞的智慧，談論婚姻說：

在你們的契合中保留些空隙吧，
讓天堂的風在你們之間舞蹈。

彼此相愛，卻不要使愛成為枷鎖；
不如讓它像在你倆靈魂之岸間流動的海水。
注滿彼此的酒杯卻不飲自同一杯。
彼此給予麵包卻不分食同一條麵包。
一同跳舞放懷歡欣，卻讓你們各有自我，
正如魯特琴的各絃線是分開的，雖然它們在同一舞曲下顫動。
給與你們的心，卻不交給彼此保管。
只有「生命」的手才能包容你們的心。
站立在一起卻不要彼此太靠近：
因為廟宇的柱子分開矗立，
橡樹與絲杉也不能在彼此的蔭影中生長。

15 愛與心理治療

我記不得十五年前進入心理醫療這一行的動機何在了。當然我是想要「幫助」人類，其他醫學領域幫助人的程序，都必須應用一些我不大適應，或在我看來過分機械化的技術；另一方面，跟人談話似乎比在身上這裡摸摸、那裡戳戳有意思，而人類心靈的變化，也比肉體或病毒的變化更有趣。我不知道心理醫師如何助人，只幻想他們會用魔咒或魔術，神奇地解開病人的心結。我就想當這麼一位魔法師，卻沒想到這份工作與病人的心靈成長有關，更想不到也與我自己的心靈成長有關。

實習的前十個月，我負責照料病況嚴重的住院病人，似乎他們需要的是藥物、電擊治療及護理照顧而不是我，但我學會了傳統的言語安撫與互動技巧。經過這個階段，我開始看我第一個門診的長期心理病人。我暫且稱她為瑪霞。

瑪霞每週來三次。那實在是一場艱苦奮鬥。她不肯談任何我要求她談的事，也不肯照我要求的方式談這些事，有時她一句話也不肯說。在某些方面，我們的價值觀可說是南轅北轍，經過奮鬥，她多多少少做了些調整，我也做了些改變。但儘管我熟讀各種技巧，都不能帶給瑪霞任何進展。自從她就診以後，就開始放縱無度的濫交，好幾個月以來，她不斷告訴我自己各種有增無減的「壞行為」。終於，過了一年，她在談話中途忽然問我：「你覺得我無可救藥嗎？」

我機靈地拖延時間：「你似乎想知道我對你的看法。」

她說她正有此意。但我該怎麼辦？哪種神奇的語言、技巧或態度幫得上我的忙？我可以問：「你為什麼會想知道？」或「你想我對你會有什麼看法？」或「瑪霞，我怎麼看你一點也不重要，重要的是你怎麼看自己。」但我強烈覺得這些都只是遁辭，而瑪霞一年以來維持每週看診三次的紀錄，應該得到一個誠實的答案。

這件事，沒有先例可循。從沒有一位教授教我如何當面誠實說出自己對一個人的看法。我所受的訓練從未建議這樣的互動方式，因此我很有理由認為這是不被贊同的方式，任何可靠的心理醫師都不該讓自己陷入這種困境。怎麼辦？我的心怦怦跳，但我選擇了一條非常危險的對策。我說：「瑪霞，你來看診一年多，這期間我們的關係不算很平順，大部分時間都在對抗，這種對抗往往使我們覺得無謂、緊張或憤怒。但儘管如此，你還是以無比的努力，忍受各種不便，一次又一次，一週又一週，一月又一月的回來看診。如果你不是決心追求成長、改善自己的人，一定做不到。我絕不會把像你這麼努力求上進的人視為無可救藥。所以我的答案是不。事實上，我相當尊敬你。」

之後，瑪霞很快就從幾十名情人當中，選擇了一位，跟他展開有意義的交往，最後他們結了婚，生活相當美滿。她再也不濫交了。此後她開始談到自己的優點。我們之間無謂的抗爭消失了，治療工作變得流暢愉快，進步神速。我的冒險之舉很意外地變成表達我對她正面觀感的途徑，而不曾傷害到她。此舉不但有良好的治療效果，也是整個療程的轉捩點。

人與人之間的真誠投入

這代表什麼？是否成功的心理治療者都該坦白告訴病人自己對他們的觀感？當然不是。首先，治療者在心理治療過程中必須始終如一，誠實對待病人。我佩服和喜歡瑪霞完全發乎真心。其次，我對她的佩服和喜歡對她具有意義，則是因為我們相識已有相當一段時間，治療也相當深入。此一轉捩點的本質跟我的佩服和喜歡無關，而與我們之間關係的性質有關。

我在治療另一個病人的期間，也出現過類似的戲劇化轉捩點，我姑且稱她為海倫。海倫每週來兩次，九個月後治療仍毫無進展，我對她也缺乏好感。經過這麼長的共處，我仍覺得海倫令人捉摸不定，她的問題也讓我摸不著頭緒。唯一清楚的是，海倫不信任我。她激烈地抱怨我沒有真正關心她，只想賺她的錢。九個月後的一天，她在治療當中說：「派克醫師，你不能想像我是多麼沮喪，你對我毫不關心，不把我的感覺當一回事，教我怎麼跟你溝通？」

我回答：「海倫，似乎我們兩個都很沮喪。我不知道你聽了有什麼感想，但你是我執業十年以來，最令我沮喪的個案。我從來沒有跟任何人接觸這麼久，還毫無進展。或許你覺得我不是適當的人選，我也不知道。我不願半途而廢，但你確實令我困惑，我實在想不通我們的合作究竟出了什麼問題。」

海倫臉上湧現快樂的微笑，她說：「那麼你到底還是關心我的囉？」

「什麼？」我問。

「你要是不關心我，就不會覺得沮喪了。」她似乎覺得這是極為顯而易見的事。

下次面談時，海倫開始把她過去避而不談或撒謊掩飾的事，源源本本告訴我。不到一星期，我就了解她的問題癥結，做出診斷，規劃治療的方向。

同樣的，我的反應之所以對海倫具有意義，完全是由於我跟她的關係和我們共同奮鬥的強度。現在我們可以歸納出心理治療奏效的基本要素，不是什麼「無條件的鼓勵」，或任何的魔咒、技巧或姿態，而是人與人之間的投入與奮鬥。治療者必須願意為了病人的成長而延伸自我，冒沒有退路的危險，付出真正的關懷，跟病人，也跟自我搏鬥。換言之，成功、深入而有意義的心理治療中，愛是基本要素。

愛是基石

長篇累牘的西方心理學專業書籍中，大多忽視了愛這個題目，委實令人難以置信。印度教的大師經常毫不猶豫地指出，愛是他們力量的泉源。但西方只有一些分析心理治療成功與失敗之因的文章，勉強算是提到愛的問題，而且它們往往只說，成功的心理治療具有「親切」、「同理心」等特質。基本上，西方專家似乎覺得愛這個題目會令人尷尬。有好幾個原因造成這種現象。其中之一是西方文化常把真愛與浪漫之愛混為一談，另外一個原因是西方偏好合乎理性、具體而且能測量的「科學醫藥」，心理學也是所謂「科學醫藥」的一支。相對的，愛是抽象、難以測量，而且超乎理性的東西，完全不能用科學分析。

心理分析中，治療者應該保持超然的傳統觀念，也構成對愛避而不談的原因。佛洛伊德的追隨者對這一點的強調猶甚於他本人。根據這項傳統，病人對醫師的愛都被歸類為「移情作用」，醫師對病人的愛的感覺則一律歸類為「反移情作用」（countertransference），兩種情況都被視為不正常，只會造成問題而不能解決問題，應該盡力避免。

這種觀點其實很荒謬。醫師對於服從治療紀律、合作、學習，並從治療中成長的病人懷有愛心，一點也沒有不妥之處。加強式心理治療在很多方面都可視為一種親情治療的過程。心理治療者愛病人，就如同稱職的父母愛自己的子女一樣。

大多數案例中，孩子因為在成長與發育過程中，缺乏雙親的愛或得到的愛有缺陷而引起心理疾病。所以心理治療過程中，治療者顯然必須至少提供病人一部分被剝奪的愛，才能治癒他的疾病。如果心理治療者不能真心去愛自己的病人，就不可能產生真正的療效。心理醫師不論受過多好的訓練，如果他不能發乎對病人的愛擴充自我，治療的結果必然乏善可陳。

我既然甘冒傳統心理治療理論的大不諱，把心理治療界定為真愛的歷程，那麼反過來說，真愛是否也具有心理治療的效果？如果我們真心愛自己的配偶、父母、子女、朋友，為滋養他們心靈的成長擴充自我，是否也可視為對他們進行心理治療呢？我的回答是：當然。如果我發現我的妻子、兒女、父母或朋友陷入幻滅、自欺、無知或其他困境，我一定當仁不讓地擴充自我，盡可能改善他們的狀況，就像照顧付錢來找我看病的病人一樣。

我不曾企圖把專業生活和私生活一分為二。難道因為我的家人和朋友沒有跟我簽約，付我醫療費，我就該在他們面前保留我的專業訓練、知識和愛心嗎？當然不是這麼回事。我若不把握每一個機會，運用我會的每一種技巧，對我所愛的人傾囊以授，提供一切幫助，促成他們的心靈成長，又怎麼算得上好朋友、好父親、好丈夫、好兒子呢？同時，我也預期我的朋友和家人，將同樣盡力為我做相同的事。

雖然有時孩子的評語過分坦率，提出的忠告也欠成熟周詳，但仍然給我不少指引。我的妻子帶來的啟示也不比我給她的少。朋友如果不能誠實吐露他們對我人生旅途的不能苟同之處，並且出自愛心地關懷，我就不能把他們當作真正的朋友。沒有這些人的幫助，我的成長一定會滯緩不前。所有建立在真愛之上的關係，都可視為相互進行心理治療的關係。

16 愛的神祕

前面提到，愛是個神祕的題目，而且是一直遭到忽視的題目。到目前為止，我們所提出的問題都已經有了答案，但還有很多其他不那麼容易解答的問題。

比方說，自律應建立在愛的基礎上，已無庸置疑。但是愛究竟從哪裡來，還是沒有答案。提出這個疑問的同時，我們也該問，為什麼會缺乏愛？我們已經指出，缺乏愛是導致心理疾病的主因，而愛則是心理治療的要素。如果是這樣的話，為什麼有些生長在沒有愛的環境，面對無盡的忽視和暴力的人，仍然能超越自己的童年，有時甚至不需要心理治療提供愛的助力，就能長成健康成熟，甚至近乎完美的人？相對的，又為什麼有些看起來病情並不見得比其他人嚴重的病人，即使在最睿智、最有愛心的醫師照顧之下，還是對心理治療沒有反應？

我會在最後一部分討論超自然奇蹟的章節中，試圖解答這些問題。我的努力不能使任何人（包括我自己在內）滿意，但我希望它多少有點啟發的作用。

另外還有一組我在討論愛的時候，刻意略去不談或輕描淡寫帶過的問題。當我心愛的人第一次赤裸裸地站在我面前，任我瀏覽時，我心中充滿一種感覺——敬畏。為什麼？如果性是本能，我應該覺得衝動或飢渴才對。簡單的性飢渴已足夠維持種族的繁衍。敬畏有什麼用？性為什麼要加上尊敬這麼複雜的因素？更進一步問，美靠什麼決定？

難解的愛與感動

我說過，真愛的對象一定是人，因為只有人的心靈才有成長的能力。但一流木雕師父的精心傑作、中世紀最精美的聖母雕像，或德爾菲出土的古希臘戰車御者青銅像又如何解釋呢？這些沒有生命的作品難道不也深受它們的創作者所愛？它們的美難道不是源自創作者的愛？還有大自然的美——我們有時把大自然稱為「創造物」（creation）不是沒有道理的。為什麼美與喜樂當前時，人往往會產出奇特而矛盾的哀愁或欲泣的衝動？為什麼幾小節音樂旋律，會令人如此感動？為什麼當我六歲大的兒子動完扁桃腺切除手術，返家第一晚，見我疲倦地躺在地板上休息，跑來替我按摩背部時，我的淚水盈滿眼眶？

顯然愛還有多種難以了解的層面，都尚未討論到。我不以為這些方面的問題能用社會生物學解答。普通心理學上有關自我疆界的知識，提供的幫助也有限。最了解這種事的首推那些潛心於宗教神祕的人。為了尋求這些疑問的解答，我們要轉向宗教的領域。

接下來，我以宗教的若干層面為主題，以極為有限的方式，討論宗教與成長過程的關係，最後一部著重於神恩現象，及它在這項過程中所扮演的角色。千百年來，神恩的觀念在宗教中極為普遍，但包括心理學在內的科學界，對它卻很陌生。儘管如此，我認為要徹底了解人類成長的過程，必須先了解神恩現象。我希望下面的部分，對於心理學和宗教兩者所面臨的共同問題能有所貢獻。

第3部

宗教

對人生的了解就是我們的宗教，
每個人都有一個宗教。
最有活力和最適合我們的宗教，
必須從現實的試煉中產生，
經過親自質疑，才真正屬於我們。

1　個人世界觀的體現

隨著紀律、愛心與人生經驗增長，人類對世界及自身在其中占有的地位的了解，也一起成長。但由於天賦與環境不同，各人對人生體驗的廣度與深度常有天壤之別。

這種對人生的了解，就是我們的宗教。因為每個人都多多少少有一份生活的體認，或廣闊或狹隘的世界觀，所以不妨說每個人都有一個宗教。雖然很少人這麼想，但這是個重要的事實：每個人都有一個宗教。

宗教往往被定義得太狹隘，認為一定要相信某些神祇，加入信徒集團，舉行某種宗教儀式。不去教會，也不相信超自然的人，我們就說他「不信教」，我還聽過學者發表言論說：「佛教不是真正的宗教」、「唯一神教派（Unitarian）的信仰中沒有宗教的成分」或「神祕主義其實是哲學，而非宗教」。

我們習慣把宗教過於簡單化和單一化。這麼一來，兩個截然不同的人為什麼會都以基督徒自居，無神論者又為什麼比固定望彌撒的天主教徒更能遵守基督教的道德規範，都令人大惑不解。

我在帶新進的心理醫師時，經常發現他們對病人的世界觀漫不經心。背後的原因很多，但基本上是他們認為，如果病人因為不信神或不參加教會而自認不信教，這件事就不值得再探討。事實上，每個人對世界的本質，都有一套特定的觀念與信念，只是不一定說出來罷了。

病人是否認為，世界是一片沒有意義的混沌，唯有及時行樂最實際？他們是否認為這是個人吃人的世界，只有殘酷的人是強者？他們是否認為世界充滿善意，需要時一定能得到援手，不必為任何困境過度煩惱？或者認為世界本來就虧欠他們？或世界自有一套嚴格的法律，稍稍觸犯就會遭到嚴厲的懲戒？病人的問題跟他的世界觀有密不可分的關係，治療必然會涉及世界觀的糾正。因此，我總是告訴新進醫師：「即使病人自稱不信教，也要弄清楚他的宗教。」

通常，人的宗教或世界觀充其量只有一部分處於意識的層面。病人大多不曾察覺自己對世界的真正看法。有時他們自以為相信某種宗教，事實上他們相信的卻是截然不同的一套東西。

史都華是位工業工程師，事業成功，五十多歲時突然變得極度沮喪。儘管工作順利，又是公認的理想丈夫和模範父親，他就是覺得自己是個沒有價值的壞蛋。他說：「我死掉世界就會改善很多。」這句話完全出於真心，他曾兩度企圖自殺。無論怎麼規勸，都無法打破他貶抑自我的錯覺。除了失眠與煩亂不安，史都華還無法吞嚥食物，他覺得喉頭哽塞，只能進食流體，但X光及其他檢驗證實，他的身體並沒有問題。

史都華對自己的宗教毫無質疑——他以無神論者和科學家自居，他說：「我只相信看得見摸得到的東西。能相信愛世人的神，或許對我有好處，可是我從小聽夠了這套謊言，不會再上當。」他童年在民風保守的美國中西部度過，父親是基督教基本教義派的牧師，母親也是虔誠的教徒，然後史都華一有機會就跟家庭和宗教脫離關係。

潛意識的主宰

接受治療幾個月後，史都華談到一個很短的夢：「我回到童年時代在明尼蘇達的老家，好像還是個小孩子，但我又知道自己是現在的年齡。是一個晚上，有個男人走進屋裡，要割斷每一個人的咽喉。我從來沒見過這個人，可是很奇怪的，我知道他是誰。他是我高中約會過的一個女孩的父親。夢到此就結束了，我滿心害怕地醒來，因為我知道他想割斷我們的喉嚨。」

我要史都華把他所知有關夢中這個男人的一切告訴我。他說：「其實沒什麼可說的，我根本不認識他。只是有幾次送他女兒回家，或接她去參加團契，也不算真正的約會。」他說到這兒，緊張地笑，又說：「我在夢裡覺得從沒見過他，但現實生活裡，我曾經從遠處看過他幾眼。他是我們小鎮火車站的站長，夏天傍晚我去看火車進站時，偶爾會看見他。」

我心頭一動，我小時候也曾在火車站附近消磨不少懶洋洋的夏日午後，看火車開進開出。火車站是熱鬧有趣的地方，而站長是一切行動的導演。他知道火車來與去的所有大城市，他知道哪班火車會停靠我們這個平淡無奇的小站，哪班會隆隆無情地疾駛而過。他控制轉轍與信號、負責收發郵袋，還會在他小小的電報室裡，用我們無法理解的密碼，透過魔術般的鍵盤，跟全世界取得聯繫。

我說：「史都華，你說你是無神論者，我相信你。但是我開始懷疑一部分的你還是相信有上帝——一個可怕的、會割人喉嚨的上帝。」

我的懷疑沒有錯，史都華逐漸認清自己心裡有種古怪而醜陋的信仰：他假設世界由一股邪惡的力量所操縱，不但想割他的喉嚨，而且極欲懲罰所有冒犯的行為。而所謂的「冒犯」，大都是無傷大雅的調情，例如偷吻站長的女兒等。史都華的症狀是自我懲罰，他似乎希望藉由割喉嚨等象徵性的動作，逃避他心中上帝真正的處分。

超越經驗的影響

史都華這套邪神與邪惡世界的觀念來自何處？一般人的宗教是如何發展出來的？人的世界觀從何決定？這些問題都太複雜，本書無法涵蓋。但所有人的宗教無疑都發源於他們的文化。歐洲人大概都以為上帝是白人，非洲人則較可能相信上帝是個黑人。在印度成長的印度人通常必然會成為印度教徒，持相當悲觀的世界觀；生長在美國印第安那州的人則多半會信奉基督教，對這個世界的看法也比印度教徒樂觀得多。我們通常都比較容易接納四周人的信仰，在思想成形的歲月裡，也往往會把別人口中這個世界的情況當作真理。

但文化最基本的要素，其實還是家庭。父母就是這種文化的領袖，而影響最深的並不是他們說的話，而是他們實際的行為——他們如何相處，如何對待我們的兄弟姊妹，以及最重要的，如何對待我們。

換言之，成長的過程中，人在家庭的小宇宙裡經驗的一切，決定他對世界本質的看法。父母的行為創造了一個獨特的世界，我們的世界觀就建立在這個基礎之上。

史都華說：「我同意，我確實相信有一個會割人喉嚨的上帝，但這個念頭是從哪兒來的呢？從小我的父母就教我『神愛世人』，我們愛上帝，愛耶穌，一切都是愛。」

我問：「那麼你的童年很愉快囉？」

他瞪著我說：「開什麼玩笑？我活得苦不堪言，幾乎天天挨打，皮帶、板子、掃把柄，我父母抓到什麼都會變成教訓孩子的道具。我幾乎做什麼事都會挨打。他們說，一天打一頓，不但常保身體健康，還可促進道德修養。」

「他們有沒有企圖掐死你或割你的喉嚨？」

「沒有，不過我相信要不是我一直小心謹慎，說不定他們就會做出這種事。」史都華忽然頓住不說，沉默了好一陣子，他臉上露出沮喪的表情。最後，他凝重地說：「我開始明白了。」

本書第一章曾經談到，在孩子心目中，父母就像神，父母處理事情的方式就是宇宙不變的法則。孩子對神性的了解往往是透過父母的人性。充滿愛心、寬大為懷的父母，使孩子相信上帝也同樣充滿愛心、寬大為懷；即使在他們成年後，世界仍然可能是跟童年時代一樣孕育人生的地方。嚴酷無情、凡事以報復為手段的父母，使孩子成年後相信的也是殘酷而睚眥必報的神；得不到父母的照顧，孩子當然會把世界視為缺乏關懷的地方。

人的宗教與世界觀既然主要取決於童年經驗，就構成宗教與現實，亦即小宇宙與大宇宙的對立。史都華心目中的世界危機重重，如果他不謹慎地遵循童年時代家庭小宇宙的法則，喉嚨就會被割斷；他永遠生活在兩個殘暴的成年人統治之下。但是並非所有的成年人或父母都那麼殘暴無情；世界的大宇宙中有各式各樣的文化、社會、人與父母。

人必須不斷修訂與擴充自己對現實的了解，加入新知識，推廣認知象限，才能建立與現實相符的宗教與世界觀。史都華的認知，在他自己的家庭可能很正確，但是應用在廣大的成人世界時，卻相當不完整，幾乎幫不上他的忙。這就是移情作用，很多成年人的宗教都是移情作用的結果。

大多數人都因為無法超越文化、父母或童年經驗的影響，只能根據太過狹窄的參考架構來處理事情，其實大可不必如此。日常必須相處的每一個人，幾乎各有一套截然不同的現實觀點，而且他們根據過去的經驗，對自己的觀點都深信不疑。更糟的是，很少人考慮到自己的經驗不能視為通例，甚至對自己的世界觀也沒有通盤的認識。

專攻國際關係的心理學家魏吉（Bryant Wedge），曾針對美蘇談判做研究。他發現美國人與俄國人對於人性、社會與世界的基本假設之間，存在驚人的巨大差異。這些差異在幕後操縱雙方的談判行為，但雙方都渾然不覺。無可避免的，美國人覺得俄國人在談判桌上的言行不可理喻，甚至存心歹毒，俄國人對美國人也懷著類似的反感。

我們其實很像寓言中那批摸象的瞎子，沒有人知道這頭龐然巨物的完整面貌。每個人一味堅持個人的小宇宙觀，不惜與別人爭吵，把每一場爭執當成聖戰處理。

2

無止境的求知之旅

心靈成長是一段從小宇宙不斷擴張到大宇宙的旅程。本書著重討論這段旅程的初期階段，這時它是一場求知之旅，而非信心之旅，為了掙脫過去經驗的限制，我們必須學習、不斷消化和吸收新資訊，擴充知識領域和視野。

擴充知識的過程是本書的重要主題。前一部把愛定義為自我的擴充，並且強調，愛的風險之一就是冒險涉入未知的新經驗。第一部討論紀律，也強調學習新事物必須放棄舊的自我，宣告年久失效的知識死期已至。為了培養更寬闊的視野，必須拋棄或消滅過去較狹隘的視野。以眼前而言，不這麼做可能比較令人舒服——保持原狀，繼續使用小宇宙的舊地圖，不讓自己曾珍惜的觀念受絲毫損傷。但如此便與心靈成長之路背道而馳。開始時，我們應對過去相信的事一律存疑，主動探求具威脅性而不熟悉的事物，故意向別人教導的真理挑戰。成聖成賢之路埋藏在懷疑的荊棘裡。

除了從科學起步，別無他途。一開始，我們就要用科學的宗教取代父母的宗教。

一定要抗拒父母的宗教，因為只要充分運用隨著經驗和歷史不斷增益的教訓，我們的世界觀必定比他們更寬更廣。宗教不可能繼承。最有活力和最適合自己的宗教，必須從現實的試煉中產生，經過質疑，才真正屬於我們。

擁有自己的宗教，才能建設健全的心理，追求心靈的成長。倚賴父母的宗教是不可能成功的。但所謂「科學的宗教」又是怎麼回事？科學是相當複雜的世界觀，而且具備若干重要信條，所以可視為一種宗教。它的重要信條大致如下：宇宙是真實的，可供觀察；人類對宇宙的觀察極具價值；宇宙遵循若干定律，並且可以預測；但因人類易受偏見與迷信誤導，在觀察與解釋時容易犯錯；所以，人類必須嚴守科學方法的紀律。這種紀律的精髓是經驗，因此，除非經過親身體驗，我們不能自以為知道任何事；另一方面，科學方法的紀律雖始於經驗，但不能信任單純的經驗；唯有能透過實驗重複的經驗才值得信任；更有甚者，必須任何人在相同情況下都會產生相同結果，這個經驗才算取得證明。

在此，「其實」、「觀察」、「知識」、「不信任」、「經驗」、「紀律」等一再重複出現的字眼，特別值得注意。科學是一種懷疑的宗教。為了擺脫童年經驗的小宇宙、文化教條的小宇宙、父母所教似是而非的小宇宙，我們必須懷疑所有以為已經學會的一切，唯有這種科學的態度，能把個人的小宇宙經驗轉換為大宇宙經驗。

勇於質疑

很多已經通過這個階段的病人告訴我：「我不信教。我不上教堂。我不相信教會或父母的話。我沒有父母的虔誠。我大概是個沒什麼靈性的人。」每當我質問他們，什麼是「沒什麼靈性的人」時，他們都很訝異。我會說：「你其實是信教的。你的宗教博大精深，因為你崇拜真理，你相信自己會成長和進步。宗教的力量使你願意承受擺脫過往經驗和面臨新挑戰的痛苦。你接受治療的冒險，你做這一切都是為了自己的宗教。我不以為你比父母缺乏靈性，相反的，我甚至認為你比他們更有靈性，你的靈性位於更高的層次，因為你具有質疑的勇氣。」

科學的宗教觀是進步和躍升，比很多其他世界觀更優秀，最好的證據就是它的國際性。它構成一個世界性的科學社群，這個社群比基督教會更團結，幾乎跟任何國際性社團不相上下。各國科學家互相溝通的能力遠超出一般人之上。在某種層次上，他們已超越了自身文化的小宇宙。在某種意義上，他們已經變得更睿智。

從成熟的懷疑出發，信仰上帝並非一件多麼了不起的事。我們從中看出教條主義，並且從而產生了戰爭、宗教審判和迫害。我們看見偽善，人們假信仰之名，戴起博愛的面具，殘殺同類，唯利是圖而不惜巧取豪奪，做出種種禽獸不如的殘酷行徑。

各種匪夷所思的儀式與偶像應運而生：多手多腳的女神、高踞寶座的男神、象神、空無之神、諸神殿、家神、三位一體、眾神合一。我們目睹無知、迷信、僵化。讓我們信仰神祇的實戰紀錄其實乏善可陳。使人不由得想：人類如果不信神說不定活得更好；神不是來世的許諾，而是今世的毒藥。即使說神是人類心靈的幻象，似乎也沒什麼不合理，甚至不妨大膽斷言，信仰是一種常見的人類心理病態，必須設法救治。

在此出現了一個問題：信神是否是疾病？或是移轉現象——我們父母把小宇宙的觀念錯誤地投射到大宇宙所造成的？或者換個說法：信仰是否是原始或幼稚的思考方式，在尋求更高層次的知識與成熟時，就必須捨棄？為了從科學的立場解答這些疑問，我們必須提出實際的臨床數據：一個經由心理治療過程步向成長時，宗教信仰會發生什麼樣的轉變。

3 挑戰過時觀念

凱絲是我所僅見最膽怯的人。第一次見到她時，她坐在角落的地板上嘴裡嘟噥著好像在唸經。一見我站在門口，她雙眼立刻圓睜，充滿恐懼，哀號著縮成一團，背貼在牆上，好像想縮進牆裡。我說：「凱絲，我是心理醫師，我不會傷害你的。」我找了張椅子，坐在離她稍遠的地方，等著。有一陣子她仍縮在牆角，但漸漸放鬆，開始縱聲大哭。一會兒，她停了，又恢復自言自語。我問她怎麼回事。她含糊不清地說：「我快死了。」唸經的節奏幾乎沒有因此中斷，她不想跟我說話，只是不斷唸經。每隔大約五分鐘，她會顯得非常疲倦地停頓一下，呻吟幾聲，接著繼續唸。不論我問什麼，她一律利用唸經的間隙回答：「我快死了。」好像只要不斷地唸，就能阻止死亡來臨。

她的丈夫是名年輕警員，名叫霍華。他告訴我一些基本資料。凱絲，二十歲，他們結婚兩年，婚姻沒有問題，她過去也沒有心理症狀，事情發生得很意外。那天早晨，她一切完全正常，開車送他上班。兩小時後，他姊姊打電話給他，說她前往探視凱絲時，發現凱絲已經變成現在這個樣子了。他們送她到醫院。她並沒有怪異言行，不過最近四個月，似乎很怕到公共場所，霍華只好自己進超級市場採購，讓她在車上等。她似乎也很怕孤單一人。她經常禱告——不過，自從他們結識以來，她一直是如此。她的家庭信教很虔誠，母親每週至少要望彌撒兩次。奇怪的是，結婚以後，凱絲再也不曾去望彌撒。他覺得完全無所謂，但她仍經常禱告。她的健康？哦，好極了。她從來沒有住過院。幾年前有一次在別人婚禮上昏倒。避孕嗎？她吃避孕丸。對了，大約一個月前，她告訴他，她不再吃藥了，因為她讀到報導吃避孕藥危險或什麼的文章。他沒怎麼在意。

我開給凱絲大量鎮靜劑，讓她晚間入睡。但接下來兩天，她的行為並沒有改變：不斷唸經，除了認定自己很快就會死掉，什麼也不肯說，而且懷有強烈的恐懼感。到了第四天，我給她靜脈注射。我說：「凱絲，這一針會使你想睡覺，但不會真的睡著，你也不會死，藥會使你停止唸經，你會覺得很放鬆，會跟我談話。我要你告訴我，來醫院那天早晨，發生了什麼事。」

凱絲答道：「沒發生什麼事。」

「你送先生去上班？」

「是啊。然後我開車回家，然後我就知道自己快死了。」

「你像每天早上一樣，送先生到辦公室後就開車回家嗎？」

凱絲又開始唸經。

「別唸了，凱絲。」我命令她。「你在這裡絕對安全。放鬆下來。那天早晨開車回家途中，發生了一些事情。你得告訴我是怎麼回事。」

「我走了一條不同的路。」

「為什麼？」

「我走了一條經過比爾家的路。」

「誰是比爾？」

凱絲又開始唸經。

「比爾是你的男朋友嗎？」

「是。在我結婚之前。」

「你常想比爾，對不對？」

凱絲哀號道：「哦，上帝，我快死了。」

「那天你見到比爾了嗎？」

「沒有。」

「但是你很想見到他？」

「我快死了。」

「你認為上帝會因為你想見比爾而懲罰你嗎？」

「是的。」凱絲又開始唸經。

我讓她唸了足足十分鐘，自己在旁整理思緒。

最後我告訴她：「凱絲，你認為自己快死了，是因為自以為了解上帝的心意。你對上帝的認識都是別人告訴你的，而且大部分是錯的。我雖然也不是十分了解上帝，但我知道的比你多，也比那些告訴你上帝是怎麼回事的人多。比方說，我每天都看見很多像你一樣懷著背叛配偶意念的人，其中有些人真的做了，但並未受上帝懲罰。我知道，因為他們還回來找我看病，現在已經變得比較快樂。你也會變得比較快樂，因為我們要合作，你會發現自己不是壞人，你會更了解自己和上帝。現在好好睡一覺，醒來時，你就不再害怕馬上要死了。明天早晨，你就能跟我談話。我們會談談上帝和你自己。」

早晨，凱絲的情況已有改善。她還是很害怕，對自己不會立刻死一事還是半信半疑，但至少不那麼確定了。她一點一點吐露自己的故事。

什麼是罪？

高三時，她跟霍華發生性關係，他提議結婚，她也答應了。兩週後參加一個朋友的婚禮時，她突然覺悟自己並不想結婚，就昏倒了。事後，她對自己是否愛霍華感到困惑，但是覺得既已犯下婚前性行為的罪惡，就必須用婚姻使這種關係合法，否則罪就更大了。不過，她至少在確定自己愛霍華前，不願生育小孩，因此開始服用避孕藥，這又是天主教不允許的一項犯罪。她受不了承認這些罪過，所以婚後乾脆連望彌撒也不去了。她喜歡跟霍華做愛，但幾乎從結婚當天開始，他就對她失去了興趣。他仍然是一張理想的長期飯票，買禮物給她、疼惜她，但須苦苦哀求，他才肯跟她做愛。

凱絲開始不由自主地產生與人私通的幻想。她希望藉禱告驅除這些雜念，所以開始例行每小時抽出五分鐘做禱告。霍華發現後取笑她，於是她決定趁白天他不在家才做這事。為了彌補晚間省略的禱告，她必須增加白天禱告的次數與速度。她每半小時禱告一次，並且把速度加倍，但性幻想非但沒有消失，反而更多、更不易打消。她一出門就盯著男人發呆，這使情況更糟。她開始害怕跟霍華外出，即使有他在旁，也怕去看得見其他男人的公共場合。她考慮回去上教堂，但她知道上教堂而不向神父告解，仍然是犯罪。可是她不能這麼做，於是再次增加禱告的長度和速度。她發明了一套用誦唸某個音節代替一整篇禱告的系統，她唸的經就是這麼回事。不久她就把這套系統發展得很完整，可以在五分鐘唸完一千篇禱告詞。

起先，在她忙於建立唸經系統時，與人私通的性幻想似乎稍有減少，但系統確立後，一切又恢復原狀。她開始計劃如何實踐幻想。她想打電話給過去的男友比爾，或趁下午去酒吧，又深怕自己真的做出這種事，於是開始停服避孕藥，希望藉恐懼懷孕阻止自己做出越軌的行為。但是慾念愈來愈強，一天下午她開始自慰，這把她嚇壞了。這可能是最大的罪惡，她用冷水浴克制自己，好不容易撐到霍華回家，但第二天一切又照舊。

最後那個早晨，她終於放棄了。送霍華去上班後，她直接把車開到比爾家門口，在他門前等著，但什麼也沒發生，好像沒有人在家。她下了車，擺出挑逗的姿勢倚在車前，默默祈禱：「求求祢，讓比爾看見我，讓他注意到我。」還是什麼也沒有。

「任何人看見我都好。我非跟人上床不可。哦，上帝，我是個婊子。我是巴比倫的娼婦。上帝，殺死我吧。我就要死了。」她跳上車飛馳回家，找了片刮鬍刀片想割腕。但她做不到。上帝辦得到。上帝有能力。上帝會給她應得的懲罰，幫她了斷一切。她開始日以繼夜地等待。「哦，上帝，我好害怕，好害怕，求祢快動手，我好害怕。」她開始唸經，等待。這就是她大姑發現她時的樣子。

經過好幾個月的努力，我才得知上面這段經過。治療的重心大都環繞著罪惡的觀念打轉。她從哪兒聽到自慰是種罪惡？誰告訴她那是罪惡？那個人又怎麼知道它是罪惡？自慰為什麼是罪惡？不貞為什麼是罪惡？罪惡的要素是什麼？諸如此類。

質疑教會與權威

心理治療是最吸引我，也最值得全心投入的行業，但是有時候當我必須反覆、有系統地向病人畢生各種觀念的細節逐一挑戰時，這份工作可能是冗長而單調的，必須耐心等待成功時刻到來。比方說，凱絲直到能夠向自己的罪惡感和行為準則提出質疑後，才開始吐露性幻想和手淫的誘惑。她質疑自己之前，必須質疑整個天主教會（至少是她所知道的部分）的權威與智慧。跟教會對立殊非易事，她能辦到，完全因為有我的支持，漸漸能夠相信我真的站在她這邊，為她著想，不會帶她誤入歧途。我們慢慢建立起來的這種「治療上的盟友」關係，是所有成功心理治療不可或缺的要素。

凱絲在注射巴比妥鹽（sodium amytal）類的抗焦慮劑後一週就出院回家，又經過四個月的加強治療，她才能坦然談到自己對罪的觀念：「我認為教會教我的那套都不足為信。」這時，治療進展到新的階段，我們開始提出問題：這件事怎麼發生的？她為什麼生吞活剝教會的教誨，毫不存疑？她為什麼一直沒有獨立的思考？凱絲說：「媽媽說我不可以懷疑教會的一切。」我們於是開始探討凱絲跟父母的關係。

她跟父親毫無感情，父親成天工作，回到家，就是捧著啤酒在椅子上打瞌睡，只有星期五晚上例外；他那天到外頭去喝酒。家中一切由母親掌管，不許任何人跟她唱反調。她很慈祥，但一切都得聽她的。「不可以那麼做，親愛的，好女孩不做這種事。」「你不會要穿那種鞋子的，親愛的。好人家的女孩不穿那種鞋子。」「你要不要去望彌撒不重要，親愛的。上帝要我們去望彌撒。」凱絲逐漸了解，天主教會的權力背後，是母親無比龐大的權力，她輕聲細語的背後，隱藏著對子女的獨裁統治。

心理治療的過程難免有障礙。她出院六個月後，某個星期天早晨，霍華打電話來說，凱絲又把自己反鎖在浴室裡唸經了。在我指點下，他說服她回到醫院。凱絲像我第一次見到她那樣，瑟縮在角落。霍華還是完全不明白什麼事使她發病。我把凱絲帶進病房，命令她：「停止唸經，告訴我這是怎麼回事。」

「我做不到。」

「你做得到，凱絲。」

她喘著氣，在唸經的間隙中說：「如果你再給我那種能說真話的藥，也許我就做得到。」

我說：「不行，凱絲。這一次你有足夠的力量。你要靠自己。」

她哀號起來。然後她看著我，又恢復唸經。我從她的眼神中感覺到，她在生我氣，甚至恨我。

我說：「你在生我的氣。」

她搖搖頭，繼續唸經。

「凱絲，我想得出十幾個你生我氣的理由，但是你不說我就不知道為什麼。你可以告訴我，沒關係的。」

「我快死了。」她哀泣道。

「不，你不會的，凱絲。你不會因為生我氣而死去的。我不會因此殺害你。你有權生我的氣。」

她仍然哀泣著：「我的日子不長久了。我的日子不長久了。」

這種說法聽來很奇怪，我好像可以聯想到什麼，但是一時又想不起來。我只好又重複一遍：「凱絲，我愛你，我不會因為你恨我而處罰你的。」

她抽噎著說：「我恨的不是你。」

突然我想通了：「你的日子不長久了？凱絲，你是指《聖經》的第五戒：當孝敬父母，使你的日子在地上得以長久？不孝敬父母就會死。這就是你的心事，對不對？」

凱絲低聲說：「我恨她。」但把這些可怕的字眼說出來，似乎提高了她的勇氣，她放大聲量說：「我恨她。我恨我母親。我恨她。她從不讓我……從不讓我……從不讓我做自己。她要我像她一樣。逼我……逼我……她不給我一點機會。」

事實上，凱絲的治療不過剛剛起步，她還必須克服無數細節，才能真正成為自己。認清母親對她的控制之後，她必須重新建立自己的價值觀，自行做決定，這使她非常害怕。讓母親做決定，反而更覺安全，採納母親和教會的價值觀，一切都簡單得多，找尋自己的方向卻需要投入更多努力。後來凱絲說：「我並不想回到過去，但有時還是會懷念當時的生活。至少在某些方面，那時比較容易過日子。」

漸漸自立的凱絲，終於鼓起勇氣，跟霍華討論他在性方面不能令她滿足的問題。霍華答應改善，卻毫不見動靜。凱絲對他施加壓力，他開始出現焦慮症狀。他來找我談，我鼓勵他找另一位心理醫師診治，他才開始面對深埋心中的同性戀傾向。他藉著跟凱絲結婚壓抑這方面的問題，凱絲有副性感的好身材，所以被他當作志在必得的「獎品」，得到她就能充分證明自己的男性氣概。但他從沒有真心愛過她。了解這個事實後，他跟凱絲毫不傷和氣地離了婚。

擺脫心靈桎梏

凱絲到一家大成衣店當售貨員，她跟我討論工作上無數必須做的獨立小決定，她熬過痛苦的歷程，變得堅定而自信。她跟很多男人約會，希望找到結婚的對象，然後生兒育女，但她在工作上也勝任愉快。治療結束時，她已晉升為採購員。後來聽說她轉到另一家規模更大的公司任職，是個快樂女郎，不再上教堂，也不再以天主教徒自居。她不確定自己還信不信上帝，但會坦白告訴你，現階段這個問題對她而言並不重要。

我特別詳述凱絲的故事，因為這是一個宗教環境與心理疾病關係的典型案例，世上有數以百萬計的凱絲。

當然教會不是造成凱絲精神官能症的唯一原因。事實上，教會只是凱絲母親建立不合理權威的工具罷了。母親的獨裁加上父親的不聞不問，才是凱絲最根本的病源，但教會還是難辭其咎。教會學校裡的修女從不鼓勵凱絲理性地質疑教條，也不教她獨立思考。教會從不考量教條可能被誤導、誤用、過分嚴峻等情形。凱絲的問題就在於她雖然全心全意相信上帝、十誡和罪的觀念，但她承襲的宗教和世界觀，完全不符合需要。她不能自行提出質疑和挑戰，也不會思考。教會完全不幫助她建立比較適合她個人的原創宗教觀，似乎寧可讓信徒原封不動繼承上一代的宗教。

由於凱絲這種案例十分普遍，導致很多心理醫師把宗教視為敵人。他們甚至認為，宗教本身就是精神官能症——一種禁錮人類心靈、扼殺他們心靈成長本能的非理性觀念。講究理性與科學的佛洛伊德，似乎也採取這種立場。心理醫師以現代科學的鬥士自居，跟古老的宗教迷信和不合理的威權教條搏鬥，是很引人入勝的類比。事實上，心理醫師也確實必須耗費大量時間與精力，幫助病人擺脫過時且具破壞性的宗教觀念，重獲心靈的自由。

4 重獲心靈自由

除了凱絲的案例，當然還有很多其他也相當常見的模式。瑪麗是我早年一個長期治療的病人。她二十多歲，家境富有，因為一般性的憂鬱症來求診。雖然她對自己的環境沒什麼可抱怨的，但就是不快樂。她外表也顯得不快樂，雖然很有錢而且受過大學教育，但打扮得像個貧困多病的流浪老婦。治療的第一年，她總是穿著不合身的藍、灰、黑或褐色的衣服，拿一個色澤同樣黯淡並且骯髒不堪的大帆布袋。她是獨生女，父母都受過高等教育，事業成功，在大學任教。他們都有點社會主義傾向，認為宗教是「窮人的鴉片」。瑪麗十來歲的時候跟朋友上教堂，曾經被他們取笑。

開始接受治療時，瑪麗完全同意父母的觀點，她自豪地宣稱是個無神論者——她相信人類如果能擺脫有神存在的幻想，一定生活得更好。有趣的是，瑪麗夢中充滿宗教的象徵，例如鳥飛進室內，喙裡銜著用古老文字記載的神祕卷帙。但我沒有用潛意識這一面來質疑她。長達兩年的治療期間，我們從未討論過任何宗教問題。談的主要是她跟父母的關係；這兩個絕頂聰明而理性的人，在經濟方面供應她一切，在感情上卻保持理智而嚴謹的距離。他們不但感情上疏遠她，而且太投入事業，也沒什麼時間和精力陪伴她。結果瑪麗成了一個心理上的孤兒，也就是所謂「可憐富家小女孩」。但她不願面對這件事，每當我指出父母忽視她，或她的穿著打扮像個孤兒時，她就會生氣。她堅持她的打扮是追隨流行，我無權批評。

瑪麗的治療進展很慢，改變卻突如其來。主要靠的是我們逐漸建立的親密感，這種感情跟她與父母之間的關係，構成強烈對比。第二年的一天早晨，瑪麗帶著一個新皮包來到治療室。這個皮包比她的帆布袋小三分之一，色彩十分鮮豔。隨後，她大約每個月都會添置一件顏色豔麗的新裝——橘黃、鵝黃、粉藍、嫩綠——像一朵鮮花漸次開放。

她倒數第二次來看診時，一面反省自己的改善，一面說：「很奇怪，我不但心境改變，連外表也完全改觀。雖然我還住在原來的地方，做的事也大致相同，對整個世界的感覺卻變了，變得非常不一樣。我覺得溫暖、安全、充滿愛心、興高采烈。記得我告訴過你，我是個無神論者，但現在已經不確定了。事實上，我不認為自己服膺無神論。現在我愉快的時候，會自言自語：『我打賭上帝存在。沒有上帝世界不會這麼好。』真奇怪。這種感受我不會表達。我只是覺得，自己是一幅大藍圖上非常實際的一個部分，雖然我對整個圖所知不多，但我確知它存在，它是好的，而且我是其中的一部分。」

經由治療，凱絲對神的完全信服變成不再重視神。瑪麗卻從排斥有神的觀念，變成肯定神的存在。同樣的治療程序，同樣的醫師，結果看起來不同，卻同樣成功了。

對此該如何解釋？在解釋之前，讓我們再看一個案例。

5 勇於面對人生

泰德來看診時三十歲，過著隱士的生活。過去七年，他住在樹林深處一座小木屋裡，朋友不多，也沒有特別親近的。他有三年沒跟女人約會了。他偶爾做些簡單的木工，大部分時間花在釣魚、看書或做一些無關緊要的決定：諸如晚飯要做什麼菜、怎麼做，或是他買不買得起一件便宜的工具等等。其實他有一筆相當可觀的遺產，根本不缺錢，人也相當聰明。但第一次就診時，他就承認自己心理「癱瘓」了。

他說：「我知道我應該把人生過得更有建設性、更有意義，但我甚至不會做最簡單的決定，大決定更不要談。我應該做一番事業、去讀研究所或學一門專業，可是我對任何事都提不起勁。我考慮過一切——教書、做學術研究、國際關係、醫科、農業、生態——但都引不起興趣。我或許會試個一、兩天，但每個領域都似乎有無法克服的難題。生活本身就是個無法克服的難題。」

泰德說，在他十八歲進大學之前，一切都沒問題。他基本上是個平凡的孩子，生長在富裕家庭，有兩個哥哥；父母感情不好，對孩子卻照顧得無微不至；他原本就讀私立寄宿學校，成績優秀。後來──或許這是關鍵──熱烈愛上一個女孩，不幸對方在他上大學前一週拒絕了他。他沮喪極了，大一幾乎整年酗酒，但成績仍然不錯。隨後又戀愛了幾次，每次都漫不經心，結果也不成功。他的成績開始退步，不能決定報告該寫什麼。大三時，好朋友漢克車禍死亡，他撐過去了。那一年他甚至戒了酒。

但猶豫不決的問題日趨惡化，他就是無法決定畢業論文該寫什麼題目。他修完學分，在校外租了間房子。只要再交一篇短短的論文就能畢業，一般人一個月就能完成，他卻花了整整三年時間，之後就什麼事也沒有做過。七年前，他搬進了森林。

泰德認為自己的問題與性有關。他的困難不正是因為戀愛失敗而開始的嗎？何況，他幾乎讀過佛洛伊德的每一本著作（比我讀得還多）。治療的前六個月，我們探討他童年時代的性發展，但沒有得到什麼結果。不過，他個性中一些有趣的層面當時已經浮現，其中之一就是他對什麼事都缺乏熱忱。他本來期待天氣放晴，但明天來臨時，他只聳聳肩膀說：「也沒什麼不一樣，反正一天天總是要過的。」有次他釣到一尾肥大的梭子魚，「但我一個人吃不完，又沒有朋友分享，就把牠扔回湖裡去了。」

隨這種不熱心的態度來的，是對凡事凡物都表示輕蔑不屑，他認為全世界都缺乏品味，任何事他都挑得出毛病。我漸漸開始懷疑，他是否用挑剔的態度來跟所有可能影響情緒的事保持距離。而且泰德極其注重保密，這使得治療的進展格外緩慢。我必須從他口中「套」出所有的重要資料。

他做過一個夢：「我在一間教室裡。有一件東西——我不知道是什麼——我已經把它收進箱子。我把它封起來，不讓任何人知道它是什麼，然後把箱子藏在空心的枯樹中，用精巧的螺絲釘把樹皮固定在箱子外面。但坐在教室裡時，忽然想到螺絲釘似乎沒有上緊。我開始緊張，所以飛到林中，重新把螺絲弄好，這下才覺得安心，可以回去上課。」跟很多人一樣，夢中的教室和上課對泰德而言，象徵精神治療，顯然他不希望我找出他精神官能症的癥結所在。

線索出現

治療到第六個月，泰德的盔甲才出現第一個小裂縫。來看病的前一天晚上，他到朋友家去玩。他不滿地說：「這晚上乏味透了，他要我聽他買的新唱片，是戴蒙（Neil Diamond）為電影『天地一沙鷗』譜曲的原聲帶。真煩，我不懂為什麼受過教育的人會認為這種枯燥無聊的東西好聽，還稱之為音樂。」

他的反應十分強烈，我直覺豎起了耳朵。我說：「《天地一沙鷗》是一本宗教性的書，配樂也有宗教味道嗎？」

「如果你把它當音樂，或許也可以說它有宗教味道吧。」

「或許你不喜歡的是它的宗教意味，而不是音樂本身。」

泰德說：「也許吧，我是覺得滿討厭那種宗教的。」

「那種宗教是哪種宗教？」

「濫情。裝腔作勢。」他用極端厭惡的表情和腔調說出這幾個字眼。

「另外還有什麼樣的宗教呢？」

泰德顯得很困惑，有點慌亂地說：「我想沒什麼了。宗教對我向來沒有什麼吸引力。」

「一直都這樣嗎？」

他遺憾地一笑：「不，我在頭腦不清的青春期，信仰很虔誠。在寄宿學校讀高三時，我甚至還在校內小教堂做過執事。」

「後來怎麼樣？」

「什麼後來？」

「你的宗教信仰怎麼改變了呢？」

「我大概就是成長了，不需要它了吧。」

「你怎麼成長的？」

「你這是什麼意思？」泰德顯然很不高興：「任何人是怎麼成長的？很自然的，就這麼回事。」

「你什麼時候發現自己已經成長到不需要宗教了。」

「我不知道。反正我告訴過你，我大學從沒有上過教堂。」

「完全沒有？」

「一次也沒有。」

「你高三在學校的教堂裡做執事，然後暑假失戀了，就再也沒去過教堂。這種改變相當劇烈。受女朋友拒絕跟這件事有關嗎？」

「這話題沒意思。我很多同學都有相同經驗。反正當時信教很時髦。我的女朋友或許與此有關，或許無關，我怎麼知道？我只知道我後來對宗教完全沒有興趣了。」

下一次的進展，發生在大約一個月之後。我們正在討論泰德對任何事都不感興趣的問題。他承認說：「我最後對一件事熱心，大約是十年前，我大三的期末報告寫現代英詩，寫得很用心。」

「你的題目是什麼？」我問。

「那麼久以前的事，我不記得了。」

「胡說，你想想看，一定記得的。」

「大概是寫霍普金斯（Gerard Manley Hopkins）吧。他是第一個真正可以稱為現代詩人的詩人。好像主要是談〈駁雜之美〉（Pied Beauty）這首詩。」

我到書房裡取來我大學時代的英詩課本，〈駁雜之美〉在第八百一十九頁。我唸道：

為斑斕的萬物讚美上帝——
複色的天空猶如花斑的母牛；
玫瑰圓記點染游泳的鱒魚；
火中爆裂的熱栗子；梅花雀的翅膀；
層次分明的風景——山坳、休耕地、新犁的田；

各種行業，工人的穿著、工具和零件。
一切對立的、原創的、多餘的、奇怪的事物；
變化多端的萬物交融涵雜（誰知如何辦到的？）
快中有慢；甜中有酸；光明裡有黑暗；
祂創造超乎變易之上的美；
讚美祂。

我深受感動地說：「這是一首充滿熱忱的詩。」
「是的。」
「這也是一首宗教性很強的詩。」
「是的。」
「你在秋季班學期結束時寫這份報告，那就是一月囉？」
「是的。」
「如果我沒記錯，你的朋友漢克是在同一年二月去世的。」
「是的。」

我感到氣氛很緊張，不知道下一步該怎麼辦，只有憑直覺追索下去。「這麼說來，你十七歲被第一個真正的女友拒絕，你就放棄了宗教信仰。三年後你又因為最好的朋友死亡，而放棄了對所有事情的熱忱。」

「不是我放棄，是我這方面的感覺被吸乾了。」泰德高聲說，幾乎像在吼叫，我不曾見過他情緒如此激動。

「因為上帝拒絕你，所以你也拒絕上帝？」

「有什麼不可以？」他頂回來：「這個世界太爛了，一直是個很爛的世界。」

「我以為你的童年很愉快。」

「才沒有，那也一樣爛。」

原來是這麼回事。在平靜的外表下，泰德的童年生活一直是個血腥的戰場。他的兩個哥哥一直惡毒地欺壓他。父母一方面專心事業，一方面彼此仇恨，所以無暇管他們看來微不足道的孩子問題，也不曾試圖保護他。躲在鄉下獨自散步是他最大的安慰，由此我們確知，他離群索居的行為模式早在十歲以前就已埋下種子。寄宿學校雖然也有大欺小、強凌弱的行為，卻已經令他鬆了一口氣。泰德談這些往事，他對世界的恨意也源源不斷傾吐而出。此後的幾個月內，他回顧了不愉快的童年、漢克的死及其他不計其數的死亡、拒絕、失落。他的一生像是個充滿死亡與苦痛、危險與暴行的大漩渦。

經歷死裡逃生

經過十五個月的治療，出現了一個轉捩點。泰德帶來一個小本子，他說：「你常說我太掩藏自己，事實也是如此。昨晚我在一些舊東西裡找到這本大二的日記，我自己還沒有重讀，照原貌交給你，或許你有興趣看看十年前的我是什麼樣子。」

我花了兩晚讀完這本日記。其實除了證明他當時就喜歡獨來獨往，耽於孤獨之外，日記中並沒有多少新資料。最吸引我注意的是那年一月的某個星期天，他一個人登山，被大風雪所阻，直到夜半才回到宿舍的記載。他寫道：「平安回來令我有一種狂喜的感覺，就像去年夏天那次死裡逃生一樣。」下次見面，我就問他那是怎麼回事？

他說：「我告訴過你了。」

每次他這麼說，都是企圖隱瞞什麼，我現在已看穿了這一點，所以會繼續逼問。

他終於說：「你記得我大一升大二的暑假，到佛羅里達去打工嗎？有一場颶風，我一向對暴風雨很感興趣，所以趁風浪最大的時刻，走到碼頭上。一陣大浪把我沖下海，但另一個大浪又把我送了回來。就這麼簡單，一下子的事。」

我難以置信地問：「你在風勢最大時跑到碼頭上去？」

「我說過我喜歡暴風雨，我喜歡體會那種大自然的狂怒。」

「這我能了解，我也喜歡暴風雨，但我不會使自己置身這樣的危險之下。」

泰德詭譎地答道：「好吧，你知道我有自殺的傾向。我自己分析過，那年夏天我很想自殺。說實話，我不記得自己是否懷著自殺的意圖走到碼頭上，但我真的不怎麼在乎自己的生命。」

「你被沖到海裡？」

「是的。我不大確定發生了什麼事。浪花太大，什麼都看不見。我只覺得來了一個特別大的浪，剛好把我捲走，我泡在水中，完全沒有自救的能力。本以為自己死定了，覺得很害怕。但過了一會兒，我整個人被送回岸邊，我撞到碼頭的水泥柱，掙扎著爬上岸，手腳並用地爬回去。身上撞了好幾處瘀青，但沒別的傷。」

「你對這次經驗作何感想？」

泰德抗拒地問：「什麼意思叫作何感想？」

「沒什麼意思。你對死裡逃生有什麼感想？」

「唔，我想我覺得運氣不錯吧。」

我說：「運氣？你認為浪花把你又打上岸邊，只是巧合？」

「是啊，就這麼回事。」

「有人會稱之為奇蹟。」

「我大概是走運吧。」

「就算你走運好了。」我說：「泰德，你碰到所有不幸的事，都要怪罪上帝，抱怨這個世界爛。但是當你碰到奇蹟似的好事時，卻認為那是自己的運氣。你對此作何解釋？」

信仰重新萌芽

泰德覺悟到自己的雙重標準後，逐漸開始比較注意周遭發生的好事，不僅著重黑暗面，也認知光明面的存在。他承認人生痛苦本來不可避免，生命原是充滿矛盾的「斑爛」與「駁雜」。我們相處的情形也隨著他觀念的開拓，變得更友善、親切、愉快。他再次試著和女孩子約會，對外界的一切也顯示漸進的熱忱。他的宗教信仰重新萌芽，在每一處看出生與死、創造與毀滅的奧祕，也聽一些與宗教有關的音樂，閱讀神學書籍，甚至還去買了一本《天地一沙鷗》。

經過兩年治療，一天早晨，泰德宣布他可以「畢業」了。他說：「我計劃申請心理學研究所。你大概會說我企圖模仿你，但我思考過這件事，我認為事實並非如此。」

我鼓勵他：「說下去。」

「我覺得應該做一些真正值得做的事。如果要回去讀書，就讀一門真正重要的課程。我最後決定，人類的心靈非常重要，從事心理治療也很重要。」

我問：「人類心靈和心理治療是最重要的事嗎？」

「呃，我想，最重要的應該是上帝。」

「那麼何不去研究上帝？」

「這是什麼意思？」

「如果上帝最重要，為什麼不去研究上帝？」

「對不起，我聽不懂你在說什麼。」

「那是因為你不願意去懂。」

「我真的不懂。人怎麼可能研究上帝？」

「有科系研究心理學，也有科系研究上帝啊。」我答。

「你是指神學院？」

「是的。」

「你是說，要我當牧師？」

「是的。」

泰德瞠目結舌地說：「哦，那可不成。」

「為什麼不成？」

他避免正面作答：「心理醫師跟牧師不見得有什麼不同。我是說，牧師也扮演心理治療者的角色。而心理治療跟傳道也很接近。」

「那你為什麼不要當牧師？」

泰德老羞成怒：「你為什麼要逼我？事業是個人的選擇，我要幹什麼是我的自由。心理醫師不能指點病人怎麼做，你無權替我決定。我要自己抉擇。」

我說：「我沒有替你做決定，純粹是分析。我替你分析另一個可能的抉擇，你卻因為某種原因不肯把它列入考慮。你自己說要做最重要的工作，認為上帝最重要的也是你，但當我要求你考慮把為上帝工作視為終身事業時，你又完全排斥。你說做不到，沒問題，但了解你為何做不到，卻在我的職責範圍。你為什麼不考慮這個可能性呢？」

泰德有氣無力地說：「我就是不能當牧師。」

「為什麼？」

「因為……因為牧師是上帝的僕人，這是眾所周知的事。我是說，我從此必須公開自己相信上帝的事，必須公然表現自己很虔誠。我就是做不到。」

「是啊，你一定得偷偷摸摸的，是不是？你可以關在房間裡虔誠，但在大眾面前就做不到了，對吧？」

泰德歎著氣說：「你不了解。每次我表明自己對某事感到很熱心，哥哥都會取笑我。」

我答道：「那麼你現在還只有十歲嗎？你還跟哥哥生活在一起嗎？」

泰德痛哭流涕地說：「不僅如此，父母也用這種方式懲罰我。我做錯了事，就拿走我最心愛的東西。『咱們看看，泰德最喜歡什麼？對了，下週要去姑媽家，他興奮得不得了。那就不准他去。還有他的弓箭，他最愛這套玩具，那把它沒收。』很簡單的一招。他們把所有我喜歡的東西都搶走了。凡是我喜歡的東西都會被奪走。」

現在我們終於觸及了泰德精神官能症的根本病源。漸漸他憑著意志力，再三提醒自己，他已不是十歲的小孩，不再受父母管制和哥哥壓迫，開始有表達熱忱的能力，展現他對生命和上帝的熱愛。他決定去上神學院。他啟程前數週，交給我診療費的支票，一件特別的事引起我注意，他不再簽自己名字的簡稱「泰德」（Ted），而改簽全名「希歐德爾」（Theodore）。我問他怎麼回事。

泰德說：「小時候，我姑媽告訴我，希歐德爾這個名字的意義是『愛上帝的人』，我應該引以為榮。我真的覺得很光榮，就去告訴哥哥，結果他們拚命取笑我，還說我娘娘腔。因此我不敢再用這個名字。數週前我忽然發現，我不再覺得這個名字使我受窘，所以大可使用。畢竟我本來就是個愛上帝的人，不是嗎？」

6 平衡客觀的探討

前面舉出幾個例子，都是為了回答一個問題：信仰上帝是否造成一種心理病態？如果要克服童年教育、生活環境中傳統與迷信的箝制，就非問這個問題不可。但從上述案例中可以看出，答案不止一個。凱絲對教會和母親灌輸的信仰照單全收，明顯阻滯了她的成長，毒害了她的心靈。唯有對信仰提出質疑，揚棄信仰，她才能開展更廣大、更滿足、更具生產力的生活；如此她才找到成長的自由。有時答案是否定的。瑪麗的成長使她脫離童年的狹隘宇宙，進入一個更廣大更溫暖的世界，同時信仰也在她心裡默默地自然滋生。而泰德的心靈得以重生與解放，跟他能找回信仰更有不可分割的關係。

如何面對這麼一個亦是亦非的答案？尋問真相是科學家的天職，但他們也是凡人，跟所有人一樣，希望找到簡單明瞭的解答，這使得他們在探討宗教與信仰時，很容易落入兩種陷阱，一種是矯枉過正，不分青紅皂白一律摒斥，把糟粕與菁華全部丟棄，另一種則是畫地自限，不肯承認自己熟悉的小圈子以外，還有任何值得了解的事物。

上帝的真相周圍，顯然瀰漫著大量的「糟粕」：聖戰、宗教審判、動物犧牲、活人獻祭、迷信、愚民、教條主義、無知、偽善、自以為是、頑固、殘酷、焚書、對女巫施以火刑、停止教權、恐懼、強迫服從、病態的罪惡感、瘋狂……簡直數也數不清。但追根究柢，這一切是上帝對不起人類，或是人類對不起上帝？信仰流於毀滅性教條主義的證據相當多。那麼，問題出在凡人相信上帝，或在於凡人易流於教條主義呢？凡是接觸過頑強無神論者的人都知道，這種人堅持不信神而獨斷獨行的程度，並不比狂熱的宗教信徒好到哪裡。該消除的，究竟是信仰本身，或是教條主義？

最容易矯枉過正的往往是科學家，正因為我前面提過的，科學也是一種宗教。剛接受科學洗禮的人，偏執的態度可能不下於基督教的十字軍或阿拉的聖戰士。當他們的家庭與文化背景原本充斥著信仰造成的無知、迷信、頑固與偽善時，偏執可能更嚴重。在砸爛原始信仰的動機背後，不但有知性的因素，也摻雜情緒的成分。科學家若能認清，科學跟宗教一樣有淪入教條主義的可能性，就算是成熟了。

我曾堅決強調，對別人教我們的事物，和文化中約定俗成的一切，採取科學的懷疑態度，乃是追求心靈成長不可或缺的要素。但科學本身，有時也不免成為文化的泥塑木像，對此也必須存疑。人固然可能成熟到足以擺脫宗教，但也可能成熟到能夠接受宗教信仰。充滿疑惑的無神論或不可知論，不見得是較高層次的世界觀。相反的，我們有理由相信，在一切謬誤的神的觀念背後，有真正的神存在。著名神學家田立克所謂的「神上之神」（god beyond God）就是這個意思；若干基督徒歡欣鼓舞地宣稱：「上帝已死，上帝萬歲」，也是相同的道理。似乎心靈成長之路就是先走出迷信，走入不可知論，然後再脫離不可知論，真正認識神。智者阿畢凱爾（Sufi Aba Said ibn Abi-I-Khair）走的就是這麼一條路，他說：

直到學院與教堂尖塔覆傾，
我們的聖工才算大功告成。
直到信心變為拒斥，拒斥變為信心，
否則不會有真正的穆斯林。

不論心靈成長之路是否必然從無神論向正確的信仰發展，但是像瑪麗和泰德這些心智成熟、採取懷疑立場的人，確實似乎朝著信仰的方向成長。更值得注意的是，他們培養出來的信仰跟凱絲擺脫掉的那種截然不同。不但宗教分為許多種，信仰的層次也分為許多種。某些宗教可能對某些人有害，但有些則不見得。

7 避免以偏概全

有心理醫師發現，有些病人在視覺上出現奇怪的病狀，他們只能看見正前方一片非常狹窄的範圍，上下左右全都無法看到。他們不能同時看見並排放置的兩件東西，一定要偏轉頭才看得見另一件東西。這就像透過隧道或一根管子看東西一樣，只看見一個小圈子裡的事物。這種症狀驗不出任何生理上的視力疾病，就好像他們基於某種原因，不願去注意眼睛直視範圍以外的東西一般。

科學家之所以會把所有的東西，不論好壞全部丟棄，一個重要原因是他們根本沒有看見那個「菁華」。很多科學家根本不正視上帝存在的證據。他們患了管窺症，自設心理障礙，不肯對靈性領域稍加注意。

科學管窺症原因很多，在此我想談談兩個從科學傳統本質中產生的原因。第一個是方法學的問題，科學一向堅持經驗、正確的觀察、可證明性並強調測量。測量一件事就是在某種程度上體驗它，在一定的範圍內，做精密的觀察，換一個人也能重複相同的實驗。測量的運用使科學在了解物質宇宙上有長足的進步，但也使它成為科學的偶像，導致很多科學家對不可測量的一切，都持懷疑或完全排斥的態度。

有種奇怪卻極其普遍的假設，認為不易研究的一切都不值得研究。不過，最近若干科學上的新發展，已開始向這種假設挑戰。其中之一就是研究方法日益精進，借助電子顯微鏡、分光儀、電腦等硬體，以及統計技巧等軟體，我們現在可測量幾十年前無法處理的複雜現象。照這種發展，或許不久就可以說：「任何事物都逃不過我們的視界，只要我們決心研究一樣東西，就一定找得到方法。」

還有幫助我們避免畫地自限的新發展，就是科學發現了弔詭的真相。一百年前，在科學家眼中，弔詭是一種錯誤。但隨著光學、電磁學、量子力學與相對論日新月異，物理學家發現，在某種層次上，現實充滿了弔詭。所以物理學家歐本海默寫道：

對乍看很簡單的問題，我們往往不予解答，或解釋得像一套故弄玄虛的教義回答，而不直截了當作答。舉個例子，如果我們問：電子的位置是否保持一定，答案必然是「不」；如果問：電子的位置是否隨時間改變，答案也是「不」；如果問：電子是否靜止的，答案當然還是「不」；如果問：電子是否在運動，答案仍然是「不」。

佛陀被問及人死後的狀態時，也用這種方式回答；但十七、八世紀的科學傳統中，這種回答問題的方式極為罕見。

千百年來，密契主義者一直用弔詭跟我們說話。我們是否就此可以找到科學與宗教交界之處？我們說「人同時是有限和不朽的」或「光既是一種波、同時又是粒子所組成」時，其實使用的是相同的語言。從宗教的迷信和科學的懷疑論開拓出來的心靈成長之路，最終也許會帶我們找到真正的宗教。

宗教與科學合而為一的展望，可說是今日知性生活最重要，也最令人興奮的一面。但一切才剛剛起步，因為宗教和科學大致上仍堅持原來狹隘的參考架構，被以偏概全的心態所蒙蔽。就以奇蹟的探討為例，大多數科學家都不免視奇蹟為禁忌。過去四百年來，科學闡明了很多「自然法則」，諸如「兩物體之間的引力與體積成正比，與其距離的平方成反比」或「能量不滅」等。但科學家同時也用這些自然法則，塑造出跟測量觀念同樣的新偶像。結果就變成凡是不能用已知的自然法則解釋的事件，都被科學界認為不真實。就方法論而言，科學傾向於認定：「不易研究的都不值得研究。」就自然法則而言，科學傾向於認定：「不易了解的都不存在。」

以開放迎接奇蹟

教會的態度反而比較開放。宗教組織把不能藉自然法則理解的一切都視為奇蹟，而奇蹟確實存在。但除了肯定奇蹟存在，教會缺乏研究奇蹟的興趣。它們認為：「奇蹟不需要用科學方法研究，只要承認它是上帝的作為就夠了。」虔誠的宗教信徒不希望科學動搖他們的信仰，正如同科學的門徒也不願意宗教動搖他們的科學。

十五年前我剛從醫學院畢業時，也完全否定奇蹟。但今天我卻相信處處有奇蹟。有兩個息息相關的因素造成我的轉變，其一是我心理醫師生涯中經驗的各式各樣病例；它們本身很平凡，但深思之下，病情進步卻是除了奇蹟之外，找不到更好的解釋。這些經驗使我開始懷疑自己過去否定奇蹟的態度。一旦開始懷疑，我對奇蹟就改採較為開放的態度。開放正是造成我轉變的第二個因素。我開始從奇蹟的角度來看日常生活；看得愈多，收穫也愈多。我希望閱讀本書以下部分的讀者，都具備了解奇蹟的能力。

我認為一般人認識奇蹟的參考架構都過於戲劇化。我們要求樹叢無故自燃，海水分開，天上傳來說話聲。其實我們應該從日常生活中尋求奇蹟的證據，並同時保持科學的態度。下一部裡，我就要介紹心理醫療生涯中遭遇的平凡事件，如何促成我領悟非同凡響的上帝恩典。

在此我要提出警告，科學與宗教的分野，本來就混淆不清，易出差錯。在討論超感覺等奇蹟現象時，必須保持理智。最近我參加了一場有關信心治病的討論會，目睹一批受過良好教育的發言者，舉出大量道聽塗說的證據，證明自己或別人有治病能力，他們自認提出的證據符合科學，但事實並非如此。如果超能力治療者把手放在病人發炎的關節上，第二天關節就不發炎了，這並不代表治療者治好了病人。關節發炎本來就會自動痊癒，治不治都一樣。兩件事同時發生並不代表這之間有因果關係。

正因為以心靈力量治病的領域實在太含糊曖昧，所以需要健康的懷疑態度，以免被誤導。誤導別人的常見手法，就是毫不留懷疑餘地，也不加以測試地公開宣傳心靈效力。這種人可說是害群之馬。由於心靈現象的領域吸引很多不察的群眾，以致較為實際的觀察者往往驟下結論，認為心靈現象本身是虛偽的。事實卻非如此。很多人企圖為困難的問題找尋簡單的答案，一廂情願地把大眾科學跟宗教「送作堆」。這種結合往往失敗，但不可因此就認為它不可能。正如我們不容許畫地自限的科學觀察遮蔽了視野，也不該讓精神領域的輝煌之美，矇蔽了批判與懷疑的能力。

第4部

神恩

佛陀在不再尋求時頓然開悟，
因為他讓「悟」來到自己心中。
我們雖然不能憑意志達到神恩，
但可以準備自我，成為一片沃土，
一片歡迎它扎根的地方。

1 健康，也是奇蹟

有一首基督教讚美詩叫「奇異恩典」（Amazing Grace），當我們用「奇妙」來形容任何事物時，就代表它沒有按照一般熟知的自然法則發展，因此出現了意料之外的結果。神恩超乎傳統科學和自然法則所能理解的範圍，所以永遠被視為奇妙或奇蹟。

從事心理治療的過程中，若干現象一直令我和很多其他心理專家驚訝不已。其中之一就是病人的心理出奇的強韌。利用心理分析，能找出精神官能症的起因與發展經過，其精確的程度遠超過其他醫學之上。我們可以查出一個人罹患的某種精神官能症，是在何時、何地、因何故、經由何種方式產生，也可以知道在何時、何地、可以因何故、經由何種方式治癒，卻無法得知病人的病情為什麼沒有變得更沉重。我們查得出病因是什麼樣一連串心理創傷，但是在正常情況下，那麼強大的打擊，應該會造成更嚴重的精神官能症才對。

一位三十五歲、事業有成的商人，因患有相當輕微的精神官能症來求治。他是個私生子，生長於芝加哥的貧民區。最初他由又聾又啞的母親獨力撫養，五歲時，州政府認為他的母親無法撫養小孩，陸續把他交給三個家庭收養，他受到種種輕蔑，得不到一點親情。十五歲時，他因腦部先天性動脈瘤造成血管破裂及局部癱瘓。十六歲，他離開最後一個養父母家庭，開始獨立生活。不難想見，他十七歲就因無故傷人而入獄。他在獄中並未接受任何心理治療。

他經過六個月單調乏味的牢獄生涯出獄後，獄方替他介紹到一家很普通的公司做倉庫工人。任何一位心理醫師或社工人員都會預言，他的前途注定一片黯淡。但三年之內，他升為該公司有史以來最年輕的部門主管，五年後，他跟一位女主管結婚，自行創業，成為相當富有的人。他來找我的時候，不但是位好父親，也是出色的藝術家。這一切是在何時、何地、因何故、經由何種方式發生的？我無法用一般的因果觀念解釋。我們可以一起追溯他輕微病症的發生因果，加以治療，但全然無法判定他不尋常的成功源於何種力量。

我引述這個案例，因為當事人早年的心理創傷有跡可循，後來的成就又顯而易見。大多數情況下，一般人童年的創痛都比較曖昧不明（雖然摧殘的力量不見得比較小），後來的成功也比較平凡。病人心理通常都比自己的父母健康，就是一個例子。

我們很清楚為什麼有人會罹患心理疾病，不知道的是，為什麼有人承受創傷的韌性如此強大。我們很清楚為什麼有人會自殺，但為什麼在同樣的發展下，有人不去自殺，卻是解不開的謎團。只能說，有某種力量，有一套我們不了解的機制，在冥冥中操縱大多數人，保護他們安然度過難關，不產生心理問題。

再打個比方，如果問一位醫師，腦膜炎是如何引起的，他一定立即回答：「當然是腦膜炎雙球菌囉！」但有個問題存在。如果今年冬季，我從居住的村子裡每位居民喉部取得細菌做活體培養，會發現大約每十個人中就有九人帶有這種細菌。但村中已多年沒有出現腦膜炎的病例，今年也不大可能有。這是怎麼回事？腦膜炎並不普遍，但致病的細菌卻非常易見。醫師用抵抗力來解釋這種現象，可惜問題並沒有因此解決，因為今年冬季將死於腦膜炎的人當中，固然有些人身體虛弱或抵抗機能出了問題，但絕大多數人卻很健康，抵抗力一點毛病也沒有。在某種層次上，當然不妨很有把握地說他們死於腦膜炎，但這種說法顯然流於膚淺。更深一層探討，我們並不了解死因，只知道一向保護我們的力量，在他們身上忽然失去效驗。

雖然抵抗力的觀念，主要適用於傳染性疾病，其實也可以應用於所有生理疾病，只是還無法解釋它對非傳染性疾病如何發生作用罷了。以通常被視為心身症

（psychosomatic disorder）的潰瘍性結腸炎為例，有人患過一次就終身不再復發；有人卻一發再發，一輩子苦不堪言；還有人因病情急速惡化而宣告死亡。乍看是一樣的病症，結果卻截然不同。為什麼？除了說某些人可能人格模式有問題，對這種疾病的抵抗力不及一般人以外，我們不知道怎麼解釋。問題是怎麼發生的？我們不知道。愈來愈多專家同意，所有病症都應歸入心身症的範疇——心理先出問題，身體的抵抗系統才會失效。但真正奇妙之處，倒不在於抵抗系統會失效，而是它竟能運作得那麼好。照理來說，人類被細菌活活吞噬，被癌細胞耗盡生命，被脂肪和血凝塊堵塞，被酸液腐蝕，應該都是稀鬆平常的事。生病和死亡不稀奇，稀奇的是我們竟不常生病，死得也不很快。

黑色的十一月

意外事故掀起的問題更是有趣。很多醫師和大多數心理專家，都接觸過特別容易發生意外事故的人。我印象最深的是一名十四歲男孩，當時我負責審查他是否符合問題少年住院治療的資格。他八歲那年的十一月，母親去世；九歲那年十一月，他從梯子上跌下來，手臂骨折；十歲那年十一月，他騎腳踏車發生車禍，頭骨裂傷，並有嚴重腦震盪；十一歲那年十一月，他從天窗跌下來，臀部骨折；十二歲那年十一月，他從滑板上跌下來，手腕骨裂傷；十三歲那年十一月，他被汽車撞傷，骨盆裂傷。沒有人懷疑這男孩是否真的有意外傾向或其中另有緣故。這孩子沒有故意弄傷自己的企圖，他也沒有意識到母親的死多麼令自己傷心，他只平淡地告訴我，已經「完全不記得她了」。

我相信要了解這些意外事故的原因，必須把抵抗力的觀念從疾病延伸過來，承認人不但有發生意外的傾向，也對意外有抵抗力。人的一生中有些時候會特別容易遇到意外事故；有些階段則具有抵抗意外的能力。

我九歲那年冬季，有天黃昏背著書包回家，途中在一條積雪的街道上失足滑倒。一輛疾駛而來的汽車，幾乎剛好在撞上我腦袋時緊急剎車，我的腿和身體已經在車身下面了。我從車底爬出來，毫髮無損，驚恐地狂奔回家。這場意外本身或許沒什麼了不起，或許只能說我走運。但跟其他例子一起考慮：多少次我走路、騎腳踏車或開車時差點被汽車撞到；多少次我夜間駕駛，差點撞上行人或自行車騎士；還有很多次我緊急剎車，只差一點就撞上另一輛車；其他如差點跌落窗外、滑雪時差點撞到樹上，甚至高爾夫球揮桿時，都差一點擊中自己等。

這是怎麼回事？我的人生特別刺激？讀者若趁此機會回顧一下自己的一生，相信大多數人會發現自己的生活中，也有許多千鈞一髮的類似經驗；差點兒發生的意外，數量是實際發生的好幾倍。更進一步，我相信你也發現個人的求生模式或意外抵抗力，並不是有意識抉擇的結果。難道說大多數人的生活本來就「充滿刺激」？或者我們真的該感激「神的恩典」？

或許有些人認為這種事毫無刺激可言，上面談到的一切不過是求生本能在發揮作用。但話說回來，替一種現象取名，就算把它解釋清楚了嗎？把它稱為一種本能就使它變得平凡無奇了嗎？我們對本能的機制可說還是一無所知。意外事件本身告訴我們，人得以生存至今，是一件比本能更奇妙的事，甚至不妨稱之為奇蹟。

2 探索潛意識領域

每當開始診治一位新病人，我都會先畫一個大圓圈，然後在圓圈內畫一個小方塊。我指著小方塊說：「這是你的意識，圈內其他部分都是你的潛意識，占百分之九十五以上。如果你真正用心去了解自己，就可以發現這個你還幾乎一無所知的自我，內涵豐富，超出一切想像。」

夢是心靈這片祕密領域確實存在的最佳證據。有位地位頗高的社會聞人因長年難癒的憂鬱症來找我，他覺得了無生趣，卻找不出原因。他的父母雖然相當窮困而籍籍無名，但他父系有好幾位顯赫的祖先。不過我的病人沒有告訴我這件事。好幾個月後我們才有機會談到他的野心，因為他提到前一晚的夢境：「我們在一間公寓裡面，擺著許多龐大得令人有壓迫感的家具。我比現在年輕。父親要我駕帆船到海灣另一頭，把他不知何故丟在一個島上的船拖回來。我對此行非常熱心，問他怎麼才能找到那條船。他帶我到一座碩大無比的櫃子前面，這個櫃子起碼有十二英尺長，而且一直高到天花板，足足有二、三十個大得不得了的抽屜。他告訴我，沿著櫃子一直看去，就會看見那條船。」

這個夢的意義乍看很難理解，所以我照慣例要求他從大櫃子聯想一些事物。他立刻答道：「不知為什麼——或許是因為它給我的壓迫感——我最先想到的是棺材。」我問：「那麼那些抽屜呢？」他突然露齒笑道：「說不定我想殺掉我所有的祖先。那些抽屜讓我聯想到納骨塔，每個抽屜都夠裝一個死人。」這個夢的含義很清楚，他年輕時確實曾希望能追隨顯赫有名的祖先，追求聲名，但他也感到飽受壓迫，所以心理上希望殺死他們，重獲自由。

潛意識的智慧

有過解夢經驗的人都會認為這個夢相當典型。這個人想解決一個問題，潛意識就製造了一齣戲，說明問題的成因，這成因是他過去不了解的。它使用象徵的技巧，比起一流的戲劇家毫不遜色。整個治療因為這場夢的啟示而有重大突破。他的潛意識很明顯地企圖幫助他得到適當的治療，而且以高超的技巧完成這項任務。

即使在人清醒的時候，潛意識仍能妥貼地傳達訊息給我們，但方式略有不同。我們通常稱為「雜念」。多半時候，我們對這些片段零星的思緒，就像對夢一樣不以為意。正因為如此，心理醫師會再三要求病人把第一個湧現心頭的意念說出來，不管這些意念乍看之下多麼荒唐或無關緊要。

我有一個年輕的女病人，從青春期開始就經常感到頭暈，覺得自己隨時會站不穩而跌倒，但一直找不出原因。眩暈的感覺迫使她經常叉開兩腿以保持重心平穩，兩腿僵直地蹣跚而行。她相當聰明而討人喜歡，我完全不明白她怎麼會有這種不明原因的問題，持續多年的心理治療也束手無策。但是在她來找我不久後，有一天，我們愉快地談這個談那個時，我心裡突然湧現「小木偶」這三個字。

我正專心聽她說話，所以立刻把這個雜念逐出腦海。但過了一會兒，這三個字又出現，清晰得就像寫在我的眼簾上。我用力眨眨眼，試圖集中精神，這三個字卻驅之不去。最後我跟自己說：「且慢，如果它如此堅持要爭取我的注意，或許真的要告訴我什麼重要的訊息。」我開始尋思：「小木偶！這有什麼意義？難道它跟我的病人有關？她像小木偶嗎？她長得很可愛，像個洋娃娃；她喜歡穿色彩鮮明的衣服；對了，她走路的樣子確實像個木偶！她是個小木偶，沒有錯！」

我立刻看出病因何在。她是個動作僵硬的小木偶，雖然想裝得活潑可愛，但一移動就擔心絆倒在繩索和操縱桿裡。證據逐一呈現：控制欲強的母親是幕後的牽線人，以「一夜之間」訓練女兒會自行大小便而自豪；這女孩一生都以滿足別人的期望為己任，整齊、清潔、守規矩、說話得體；她沒有屬於自己的動機，也沒有自行做決定的能力。

這個極具價值的觀察，像個不受歡迎的闖入者，突然出現在我的意識裡。我沒有邀請它，也不想接納它，甚至三番兩次排斥它。幾乎所有轉入意識層次的潛意識資訊，都帶有這種不受歡迎的特性。因為這種特性，加上連帶發生的意識排斥，佛洛伊德和他早年的門徒把潛意識視為人性中一切原始、反社會及邪惡成分藏匿之處。他們認為，意識不要的東西就是「壞的」。基於同樣道理，心理疾病潛伏在潛意識裡，也是深埋在內心的惡魔。糾正這種觀念的責任後來落到榮格肩上，他創造了「潛意識的智慧」這個名詞。我個人的經驗證實了榮格的看法。我認為心理疾病不是潛意識所造成，毋寧說是一種意識現象，或者是意識和潛意識中間的關係出了問題。

以壓抑為例，佛洛伊德發現很多病人潛意識中懷有不自覺的性慾和恨意，這些意念是他們致病的原因。因此他推論，潛意識就是心理疾病的「起因」。但我們要先問：為什麼這樣的欲望和感覺會進入潛意識？為什麼會受壓抑？答案是意識不要它們。問題就發生在這樣的拒絕和摒斥之中。人類有性慾和恨意並不構成問題。意識不願面對這些感覺並承受處理它們所帶來的痛苦，寧可自欺欺人，才是真正的問題之源。

脫口而出的真相

潛意識向我們說話（雖然我們不見得肯聽）的第三種方式，是透過我們的行為。我指的是脫口說錯話，亦即所謂「佛洛伊德式的說溜嘴」（Freudian slips），以及其他行為上的「錯誤」。佛洛伊德在他的《日常生活的心理分析》（*Psychopathology of Everyday Life*）一書中，率先把這種現象認定是潛意識的作為。他使用「心理疾病」這種字眼，再次說明了他否定潛意識的態度。他視潛意識為企圖陷我們於不義的魔鬼，而非努力使人誠實的善心仙女。

病人在心理治療當中說溜嘴，幾乎一定對治療有幫助。這種時候，病人的意識抗拒治療，希望在醫師面前掩飾自我的真相，同時也拒絕認識自己。但潛意識卻挺身而出，站在治療者這一邊，追求開放、坦誠、真實，盡一切力量「說出真正的經過」。

舉幾個例子說明。有位非常講究完美的女病人，不肯承認自己會生氣，也從不公開表露憤怒的情緒，但是她開始在面談時遲到。我告訴她，可能因為她對我、對治療方式，或兩者都不滿。她堅決否認，並解釋遲到是生活中的一些小意外所造成的，她對我和我們的合作都非常滿意。

這次見面的次日晚上，她開了一張支票付我費用。支票上沒有她的簽字。下次診治時，我告訴她這件事，並且指出，她不好好開支票付錢是因為她在生我的氣。她說：「這太可笑了！我這輩子從來沒有忘記在支票上簽字。」我把支票拿給她看。雖然她一向表現得很自制，這時卻突然抽噎起來。她嗚咽著說：「我出了什麼問題？我快要崩潰了！我覺得自己像變成了兩個人。」我承認她確實有分裂的傾向，於是她痛苦不堪地第一次承認，至少一部分的自己可能懷恨，可能生氣。這是我們治療的第一步進展。

還有一個男病人，他感到無法對家中的任何成員發怒，甚至不能有一點生氣的情緒。當時姊姊來看他，他告訴我她是個「非常討人喜歡的人」。後來，他提起當晚要開派對，要請一對鄰居夫婦，還有「我內人的姊姊」。我立刻指出，他剛把自己的親姊姊說成妻子的姊姊。他滿不在乎地說：「你大概認為這是一次佛洛伊德式的說溜嘴吧？」我回答：「沒錯，你潛意識中希望那不是你的姊姊，最好只是你妻子的姊姊，你其實可能恨她恨得要命。」他說：「我倒不怎麼恨她，但她話太多，我知道今天晚上又該她一個人大發言論了。我想有時候她確實令我很尷尬。」同樣的，我們的治療也有了新的突破。

並非所有此類都與被壓抑的敵意或「不好的」感覺有關，它們洩露所有被壓抑的感覺，不分好壞。它們透露的是真相，一切與我們本來期望不符的真相。最令我感動的一次，發生在一個年輕女病人初次來看診時。我知道她的父母非常冷漠，管教嚴格，很少表現出真正的親情或關懷。她給我的第一印象是異乎尋常的成熟、自信、開放、獨立而世故。她自稱來找我治療是因為：「心情有點亂，又剛好有時間，我想心理治療可能對我知性的長進有點幫助。」我問她為何心情亂，才知道她因懷孕五個月而從大學休學。

她不打算結婚，只含糊地計劃把孩子生下來以後，送給別人撫養，再到歐洲去繼續學業。我問她有沒有告訴孩子的父親懷孕的事。她說：「有的，我寫了一封短箋讓他知道一個孩子產生了我們的交往。」她真正的意思是這段交往產生了一個孩子，但她告訴我的話卻揭示出，在她成熟世故的少婦面具下，是迫切需要親情的小女孩，為了渴求母愛而讓自己成為母親。我並沒有當面指出失言背後的意義，因為她當時還沒有準備好，也沒有足夠的安全感面對自己的需求。但是，這次說溜嘴對她還是有幫助，因為我從中察覺到她其實還是個心懷懼怕的小孩，需要長期的呵護和照料。

這三位無意中透露真相的病人，其實真正想隱瞞的對象不是我，是他們自己。第二位真的以為對家人絲毫沒有不滿；最後一位也真的自信擁有應付一切的能力。經由一套複雜因素的運作，我們意識中的自我，幾乎總是多多少少跟真正的自我有所不同。我們的能力跟自以為是的不免有所差距，但潛意識卻把真相看得一清二楚。心靈成長最重要而不可或缺的一步發展，就是使意識中的自我愈來愈接近事實。

3 心電感應

我們或許能從大腦神奇的運作過程中，找出有關潛意識啟示的合理解釋，但對所謂的「心電感應」，可以猜測它與潛意識有關，卻無法說明。歐曼（Montague Ullman）與克里普納（Stanley Krippner）兩位醫師，在一系列精心設計的實驗中，成功證實清醒的人可以把某種形象「傳送」給幾個房間外一個熟睡的人，使這些形象出現在熟睡者夢中。這種傳送現象不僅存在於實驗室，兩個互相認識的人做類似的夢是很常見的事。這種現象是怎麼造成的？我們完全不了解。

但這種事確實會發生，而且可以用科學方法證實。我自己有天晚上做了夢，夢中有一連串的七個形象。後來，一個前兩天睡在我家的朋友告訴我，他那晚也依相同的次序夢見相同的七個形象。我們都不知道為什麼會發生這樣的事。夢境跟我們過去的經驗都扯不上關係，也無法做合理的解釋。但我們知道這是一件重要的大事，我的心靈可以從數以百萬計的形象中任選若干，組合成一個夢，我跟這位朋友挑中相同七個形象的機會，可說微乎其微。這件事實在太不可思議，所以確信它不是意外巧合。

共時性

無法用已知自然律解釋的不可思議之事，以不可思議的頻率出現，現在稱之為「共時性」（synchronicity，注：同時出現的事物或經驗、現象之間，存在著某種有意義的偶然）。朋友跟我都覺得很不可思議，不知道為什麼我們會做類似的夢，但這件事一個特殊之處就是我們做夢的時間非常接近。似乎時間就是這件不可思議之事一個重要的、甚至稱得上決定性的因素。

我們不時聽說某個幸運兒能從撞得稀爛的汽車中安然無恙地脫身。如果說機器直覺地撞成某種形狀以保護乘客，或乘客會直覺地蜷縮成某種樣子，以適應變形的車輛，似乎很荒唐。共時性無法解釋事件發生的原因或過程，只說明這種不可思議的事同時發生的概率，比單純憑或然率預測的要高。它也無法解釋奇蹟。這個原理只能用來說明，所謂奇蹟似乎就是平凡得不得了的事和特殊的時機配合得恰到好處。

在統計學上相當不可能發生的事，或許都可視為共時性的實例，但超自然現象有時有益，有時也可能對我們有害。世界上有無法想像的意外，也有無法想像的非意外。儘管研究方法有很多漏洞，還是有必要針對這個問題深入研究。目前我只能提出一個確定但「不科學」的印象，就是這種統計學上不可能的事件發生的頻率，帶來好處的時候遠比造成破壞的時候多。所謂的好處，當然不限於救人一命，多半時候它們能改善我們的生活，促進心靈成長。榮格在〈論共時性現象〉（On Synchronicity）一文中提到的「聖甲蟲之夢」，就是絕妙的例子：

我的例子跟一位年輕的女病人有關。無論我們雙方如何努力，似乎總是無法觸及她的內心。問題在於她似乎無所不懂，無所不能。良好的教育背景成為她的理想武器，她凡事都要拿到精密的笛卡兒式邏輯和無懈可擊的「幾何式」現實觀之下分析。我好幾次試圖在她那套合理主義裡摻入一點人性的了解，卻都徒勞無功，所以最後我只好希望發生一件意外而不合理的事，打破這堵她用來封鎖自我的知性藩籬。果然。有一天，我面對她而坐，我背後是一扇窗。我專心聆聽她滔滔不絕地自我辯解，說她前一晚夢見有人送她一個黃金聖甲蟲——一件非常名貴的珠寶。她還沒說完，我就聽見身後有叩擊玻璃的聲音，回頭一看，原來有隻很大的蟲子想從外面飛進光線比較黯淡的房間。這現象很不尋常，所以我立刻開了窗，並且在蟲子飛進來時，一把抓住牠。那是一隻外形跟聖甲蟲極其相似的金龜子，金綠色的外殼真有點像黃金打造的。我把蟲拿給病人看，告訴她：「這就是你的聖甲蟲。」這次事件擊潰了她合理主義的護罩，打破了她的抗拒心理。從此治療工作開始向令人滿意的結果邁進了。

在此談到的有益的超自然事件，都屬於「不期而遇的收穫」（serendipity）。根據韋氏大字典的定義，英文原義為「意外發現有價值或令人喜愛事物的天賦才能」。這個定義最值得注意之處就是把「不期而遇」視為天賦才能，因此有些人能而有些人不能，有些人幸運而有些人無此福分。

我在這一部分要談的重點就是，經由「意外發現有價值或令人喜愛事物」所展現在世人眼前的神恩，其實是人人有份的，只不過有人懂得把握，有人卻坐視機會流失罷了。榮格開窗放甲蟲進來，並且抓住牠，拿給病人看，可說是極懂得把握機會。但某些人不知道神恩的存在，不懂得意外出現的一些事物的價值，所以未能「發現」它們。每個人都有機會不期而遇某些事，只可惜往往不知道那是恩典，而視為稀鬆平常，任憑它們從身旁溜走了。

4 神恩的力量

到目前為止，我描述的各種現象都具有以下的特徵：

一、有滋養、支持、保護、促進人類生活與心靈成長的作用。

二、它們的作用不是完全不能根據科學思維下的自然律原理來解釋（如超自然現象），就是只能做不完整的解釋（如生理抵抗力與夢）。

三、在人類世界經常的、例行的發生。不但普及，而且本質上是無所不在的。

四、雖然有可能受人類意識左右，但其淵源卻超乎意識之外，也不被意識的決策過程囿限。

儘管一般認為此類事件都是獨立個案，我卻相信它們的普遍性只證明一件事：有一種超出人類意識的強大力量在滋補人類心靈的成長。早在免疫球蛋白、做夢階段、潛意識等科學觀念成形之前數百年，甚至數千年，宗教信徒就確認這股力量的存在，稱之為神的恩典，為它頌唱讚美詩。

如何面對這股力量？它摸不著，也沒有辦法測量，但確實存在，它是真實的。我們能否憑自己的成見，因為它不符合傳統的自然律科學觀，就無視於它的存在？這麼做似乎很危險。我相信，如果從觀念架構中剔除神恩現象，將永遠不可能完全了解宇宙或人在宇宙中的地位。

但我們甚至不知道這股力量在哪裡。我們只說得出它不在哪裡——即不在人類意識之中。前面討論過的做夢現象顯示，神恩存在於人的潛意識裡。其他諸如共時性與不期而遇現象，顯示這種力量也存在於超出個人的範疇裡。無法確定神恩所在之處的人不僅是科學家，即使各宗各派虔誠的善男信女一口咬定神恩就是神的大愛，卻同樣無法確定神在何處。神學中有兩派對立的理論解釋此事：一派是「流衍論」（Emanance），相信神恩由一個外在的神流溢到人身上，另一派主張「內在性論」（Immanence），相信神恩是由每個人內心中的神而來。

跳脫實體觀念

其實所有的問題和所有的矛盾，都來自我們一心要為事物歸類、定位的欲望。人類有種硬要把事物歸納成個別實體的傾向，我們認為世界是由船、鞋子及其他東西所構成。我們非把所有現象如此分門別類，認定它是什麼樣的實體，才覺得了解它。一件東西非黑即白，但不能又黑又白。船是船，鞋子是鞋子，我是我，你是你。我的實體是我的自我認知，你的實體是你的自我認知，如果我們的自我認知混在一起，無法分辨，都會覺得不舒服。印度教和佛教思想家相信這種個別實體觀只是幻影，現在鑽研相對論、波粒子現象、電磁學的物理學家，也日益注意到實體觀念論限制太多，但我們仍很難跳脫出來。實體思考傾向迫使我們不斷去尋求事物的定位，即使已經發現這種傾向會干擾我們對神和神恩的了解，我們仍難以自已。

我試著不把人當作真正的實體，但知性上的限制卻使我非根據實體觀念來思考和寫作不可，我把個人的疆界看成一種滲透力極強的薄膜，或者是一道籬笆，而不是一堵牆，如此，其他的「實體」可以翻越或流過這重疆界。正如同意識可以不斷滲入潛意識，潛意識也能透入外在的「心靈」，內外交滲下，實體也不再存在。十四世紀英格蘭女修士茱麗安（Julian）說得好：「正如同身體穿著衣服，皮膚包著肌肉，包著骨骼、心臟等，我們的靈魂和肉體也包容在上帝的至善之中。所不及的是，現世的一切會磨損消蝕，但上帝的至善永遠完整無缺。」

無論怎麼編派所謂「奇蹟」的來源，人性成長的軌跡幾乎都由一股超乎我們意識所能控制的力量推動。我相信，若以另一個奇蹟為出發點考慮，或許就更能了解這股力量的本質：那就是全體生命的成長過程，我們稱之為「進化」。

5 心靈的進化

雖然本書還不曾把進化當作一個觀念來討論，但這本書從頭到尾都可說是與進化有關。心靈成長是個人的進化。個人的肉體可能隨生命週期發生改變，但它不再進化，不會產生新的生理模式。年紀大了體能衰退是不可避免的結果。但是個人的一生之中，心靈卻可能有重大的進化，它會產生新的模式，心靈能力會與日俱增，直到死亡才停止。人的一生中心靈成長的機會永無限制。雖然本書著重在心靈的進化，但生物進化的過程與此類似，所以可做為幫助我們進一步了解心靈成長與神恩意義的模型。

生物進化過程最值得注意的一點就是，它是奇蹟。以我們對宇宙的了解，進化簡直不可能發生，這現象應該根本不存在。以熱力學第二定律為例，能量會自然地從較有規律的狀態流向較無規律的狀態，從高度分化的狀態流向低度分化的狀態。換言之，宇宙處於逐漸崩解的過程之中。通常我們用水往低處流來說明這種過程，必須靠幫浦、水閘、人用水桶提水等方式來逆轉這過程，使它回到原來的狀態，使水回到高處。這種能量必須來自別處。為了維持某處的能量，必須汲取他處的能量補充。根據熱力學第二定律，經過數十億又數十億年，宇宙會完全崩解，降至最低點，成為沒有形狀與結構可言，完全不分化的「一團」死寂。這種完全無組織、不分化的狀態稱為熵（entropy）。

能量自然從高處往低處流，進入熵的狀態，稱為熵的力量。我們現在可以看出，進化過程與熵的力量正好牴觸。進化是從低向高發展，變得更複雜、更分化、更有組織。濾過性病毒是極為簡單的有機體，只比分子稍複雜一點兒。細菌就比較複雜，分化也較精密，有細胞壁、不同的分子結構與新陳代謝。草履蟲更進而擁有細胞核、纖毛和基本的消化系統。海綿則不但有多個細胞，而且是不同性質的細胞，其間有相互倚賴的關係。昆蟲和魚類有神經系統和複雜的運動方式，甚至還有社會組織。依此發展下去，進化階梯不斷邁向複雜化、高度分化與組織，到了人類就具有容量相當大的大腦和非常複雜的行為模式，高踞已知進化的頂層。我說進化過程是個奇蹟，因為它漸進地加強組織與分化，完全違反自然律。在正常發展下，寫這本書和讀這本書的人根本不可能存在。

進化過程可以畫成一座金字塔，最複雜而數量最少的有機體——人類——在頂峰，數量最多但最不複雜的有機體——濾過性病毒——在底部（見圖一）。頂峰反熵的力量而行，向上發展。我在金字塔內部畫了一個箭頭表示這股向上挺進的進化力量，經過數百萬個世代，不斷成功擊敗「自然律」，它本身想必就是一條尚待界定的自然律。

人類的心靈進化，也可以畫成類似的圖形（見圖二）。我要再一次強調，心靈成長是需要投入大量努力而非常艱苦的過程，因為它必須跟自然力量對抗，反抗保持原狀、執著舊的地圖、舊的方法、選擇容易好走的路的這種自然傾向。在反抗自然的過程中，熵的力量同樣適用於心靈的層次。但也正如生物進化一樣，這種力量奇蹟般地被克服了。我們仍然得以成長，儘管一路上遭遇這麼多阻力，還是能成為更好的人。雖然不是每個人都辦得到，做來也頗為辛苦，但相當多的人仍能改善自己和自己的文化。有一股無以名之的力量推動我們挑選更難的道路，讓人超越泥濘糞土的環境。

心靈進化過程的圖形適用於個人。每個人都有成長的欲望，每個人也必須靠自己的力量克服阻力，達成目標。這個圖形也適用於人類全體。個人的進化會帶動社會的進化。童年時我們受文化滋養，成年後我們回饋社會。成功度過成長歷程的人不但自

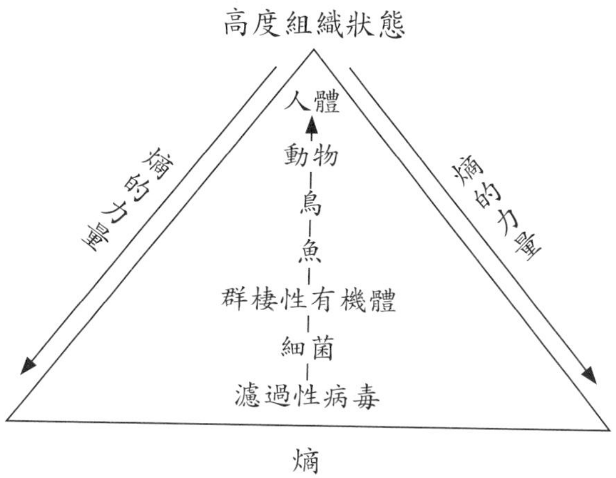

圖一：進化過程

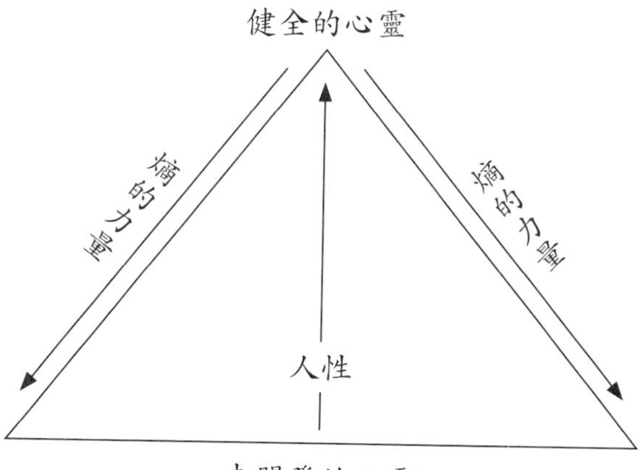

圖二：心靈進化過程

已享受成長的果實，也把相同的果實呈獻給全世界。個人進化時，肩負著全人類的重任。人類就是如此進化的。

人類的心靈發展不斷向上攀升這個觀念，在對進步之夢感到幻滅的這一代看來，似乎並不符合事實。到處是戰爭、貪汙和汙染，我們怎麼可能基於理性的認為人類在進步？但這正是我要說的。我們之所以會覺得幻滅，正是因為我們的自我期許比上一代高。今天認為可恨和無法容忍的行為，昨天還被視為理所當然。以本書為例，父母照顧子女的心靈成長是書中的一大重心，這在今天不會被當成異端邪說，但幾百年前，簡直不可能有人關心這種事。雖然我覺得目前的父母水準還相當低落，但是我有充分的理由相信，它已經比幾代以前高明太多了。有篇討論照顧小孩的文章，開宗明義就這麼說：

> 羅馬法律賦予父親控制兒女的絕對權力，他可以出售他們，也可以將他們處死。這種絕對權威的觀念後來傳入英國法律，一直原封不動地沿用到十四世紀。在中世紀，孩子們的童年生活完全不像現在認為的那麼美好。小孩照例七歲就要送去當侍童或學徒，學習在其次，他們主要是充當師傅的奴僕。孩子跟僕人的待遇一般無二，甚

至語言也常把二者混為一談。孩子直到十六世紀才開始受到重視，社會承認他們正在經驗特殊的成長階段，值得愛護。

但這般推動個人、使整個物種克服懶惰和其他自然阻力，能求上進的力量，究竟是什麼呢？我們已經為它命名，稱之為愛。愛被界定為「為了滋養自我或其他人的心靈成長，擴充自我的意願」。我們成長是因為我們的努力，我們努力則是因為我們愛自己。經由愛，我們提升自己。經由對別人的愛，我們幫助他們提升自己。自我擴充的愛就是進化的行為。它是生生不息的進化。生命世界中無所不在的進化力量，表現於人類就是人性的愛。人性的愛就是一股無視於熵的自然律的神奇力量。

6 心靈成長的障礙

談到心靈的成長，無可避免要談到同一件事的反面：阻撓心靈成長的障礙。深究起來，只有一個障礙，那就是懶惰。只要能克服懶惰，所有其他障礙都會迎刃而解。如果無法克服懶惰，其他條件再怎麼齊全也不可能成功。所以懶惰也是本書的一大主題。在討論紀律時，我們談到企圖逃避必要的痛苦或選擇容易的出路等偷懶方式。在討論愛時，也談到虛偽的愛是因為不情願擴充自我。懶惰是愛的反面。心靈成長得靠努力，這一點我們已重申過許多遍，現在要深入探討懶惰的本質，了解「懶惰」其實就是每個人生活中一股負面的力量。

多年來，我一直認為基督教的原罪觀念毫無意義，甚至引人反感。我不覺得性跟罪有什麼關係，其他的嗜好也同樣無辜。我經常放縱自己享受一頓美味大餐，事後可能吃點消化不良的苦頭，但不會自覺有罪。我知道世間罪惡充斥：欺騙、偏見、折磨、殘暴。但是從嬰兒身上我看不出天生的罪，我也不相信只因為祖先吃了善惡樹的果實，連小孩子都要受詛咒。但我漸漸開始注意到，懶惰是無所不在的。我在幫助病人成長的奮鬥當中發現，最大的敵人每次都是懶惰。我也在自己身上發現類似不願朝新的思想、責任或成熟等領域擴充自我的心理。我跟全人類的一大共通點就是懶惰。在這一點上，蛇與蘋果的故事忽然變得有意義起來。

原罪與邪惡

最重要的問題在《聖經》故事裡並沒有說出來。故事告訴我們，上帝有「黃昏時到樂園中散步」的習慣，而且祂跟人類的溝通管道是完全開放的。如果真是如此，那麼亞當跟夏娃為什麼不在蛇鼓勵他們吃蘋果時，告訴上帝：「我們很好奇祢為什麼不讓我們吃善惡樹的果實。我們喜歡這個地方，也不希望祢認為我們不知感激，但實在不能理解有關這件事的規定。能否解釋一下？」他們當然沒有這麼做。他們魯莽地觸犯了上帝的法律，既不了解立法的本意，也不嘗試向上帝直接提出問題，質疑祂的權威，或基於成年人的理性立場跟祂溝通。他們聽信蛇的話，但在行動之前，沒有聆聽上帝這一邊的說法。

為什麼不能？為什麼誘惑與行動之間沒有緩衝的步驟？缺少步驟就構成罪的本質。這個缺少的步驟，就是辯論。

亞當和夏娃本來可以在上帝與蛇之間掀起一場辯論，他們沒有做到這一點，因此也永遠無法得知上帝的立場。上帝與蛇的辯論象徵著人類心靈中的善惡之爭。人規避在自己內心進行善惡論辯的步驟，所以才產生許多構成罪的邪惡行為。在斟酌某種行為是否明智時，人類往往未能判明上帝的立場。他們沒有能聆聽自己心中的上帝——也就是全人類心中與生俱來的正義感。這方面的失敗只能歸咎於自己懶惰。進行這種內在辯論需要努力、時間和精神。如果嚴肅地聆聽這位「內心的上帝」，通常會接到選擇比較困難的那條路的鼓勵，走這種路要花更多的力量。進行這樣的辯論會使自己面臨痛苦與掙扎。每個人都不時被這份苦差事嚇倒，而設法逃避這個痛苦的步驟，正如亞當和夏娃，以及其他列祖列宗，我們也很懶惰。

因此，確實有一種原罪存在，那就是懶惰。它存在於每個人身上——嬰兒、小孩、青少年、成熟的成年人、長者、聰明人與蠢才、殘疾者與健康的人。有些人或許比較不懶惰，但所有的人多多少少都是懶惰的。不論精力多麼旺盛，野心如何熾烈，智慧如何過人，只要深自反省，都會發現自己懶惰的一面。它就是我們內心熵的力量，在心靈進化的過程中，把人往下拖、往後拉。

有些讀者可能會自言自語：「但是我一點都不懶啊！我每週工作六十個小時，夜間加班，週末也不休息。儘管已經很疲倦，還是勉強陪太太出門，帶孩子去動物園，幫忙做家事，做一大堆雜務。生活中似乎只有一件事──忙！忙！忙！」我很同情這樣的人，但仍然要指出，只要他們用心去找，一定還是可以找出自己的懶惰之處。因為懶惰跟花多少時間工作或盡責任，都沒有關係。懶惰呈現的主要方式就是恐懼。此處可以再次引用亞當和夏娃的神話說明這一點。例如，有人說亞當和夏娃不去問上帝祂制定法律的原因，不是因為懶惰，而是害怕，害怕面對令人望之生畏的上帝，害怕上帝震怒。儘管並非所有恐懼都等於懶惰，大部分恐懼情緒卻確實是基於懶惰。我們大多數的恐懼都源於害怕改變現狀，怕一旦冒險向前，就會失去目前擁有的一切。

懶惰害人不淺

心理醫師最明白這一點。病人雖然為了求改變才來找我們求助，其實對改變怕得要命，尤其怕達成改變要下的工夫。就因為這種害怕或懶惰，可能高達九成的絕大多數病人，在心理治療收效之前，就早早退出治療。這些臨陣脫逃行為大多發生在治療的開頭幾次或最初幾個月。

在心靈成長的初期階段，個人對自己的懶惰往往一無所知，儘管他們可能會隨口說道：「我當然跟每個人一樣，不免有時會偷個懶。」自我中懶惰的成分就像魔鬼一般狡猾，不但擅長偽裝和欺騙，還會運用各種手段使自己的懶惰合理化。自我比較成熟的部分，卻不見得有能力輕易拆穿真相或與之對抗。因此，人面臨在某個領域研究新知識的要求時，會說：「已經有很多人鑽研過這個領域，但是他們都找不到答案。」或「我認識一個研究這玩意兒的人，他是個酒鬼，後來自殺了。」或「你想把我變成跟你一樣嗎？心理醫師不該這麼做的。」諸如此類的回答都是病人或學生掩飾自己懶惰的遁詞，要欺騙的對象與其說是醫師或老師，倒不如說是自己。認清懶惰的真相，承認它存在於自己心中，就是解決這個問題的起點。

因此，心靈成長愈趨成熟的人，對懶惰愈有自覺。愈是不懶的人愈自知懶惰。在我個人追求成熟的奮鬥中，愈來愈警覺到新的啟示好像故意要從我身旁溜走。又有時，在極具建設性的新思路上，我發現自己的腳步不由自主遲緩下來。我懷疑大多數時候這些有價值的想法，真的就在不知不覺中流逝，使我在思想的通衢上徬徨不知所從。所以我只要一察覺腳步變慢，就強迫自己快步往前，直奔本來企圖逃避的方向。與懶惰對抗的戰爭，永遠不會中止。

既然我認為懶惰就是原罪，透過自我的心理疾病呈現的懶惰甚至可能是魔鬼的化身，在此不妨對邪惡的本質再加以說明，使整個畫面更為清晰。邪惡的重要性恐怕在所有神學問題中居於首位，但正如很多其他「宗教」問題一樣，心理學界除了極少部分的例外，一概不承認邪惡的存在。其實，心理學對這方面可貢獻之處還相當不少。我希望日後有機會在別的著作中詳細討論這個題目，但因為它並非本書的重點，在此我只簡單的提出個人對邪惡本質所做的四個結論。

邪惡四本質

首先，我相信邪惡是真正存在的。它不是原始宗教為了解釋某些不可知現象憑空臆想出來的東西。真的有一群人和人組成的機構仇視一切的良善，並且會盡可能摧毀所有的善。他們這種行為不是出於有意識的邪念，而是因為盲目，對自己的邪惡不自知。說得更正確一點，他們是避免去知道。正如同宗教文學中對魔鬼的描寫，他們直覺地憎恨光明，盡可能逃避光明，也企圖消滅光明。他們會破壞自己的子女以及在他們控制下任何人內心的光明。

邪惡的人恨光明，因為光明會讓他們看清自己。他們恨善，因為它彰顯他們的惡；他們恨愛，因為它彰顯他們的懶惰。他們摧毀光明、善和愛，免得面對覺醒的痛苦。所以我有了第二個結論：邪惡就是橫行霸道，無所不為的懶惰。愛是懶惰的正相反。一般程度的懶惰是消極地喪失愛的能力。有些一般程度的懶人，即使只要抬抬手指頭就能擴充自我，也非得受逼迫才肯行動。他們雖然不能愛，但也還不算邪惡。真正邪惡的人則主動逃避擴充自我的要求。他們不擇手段保護自己的懶惰，保持生病的自我完整。他們非但不滋養別人，還會傷害這麼做的人。如果生病的自我面臨周圍健康心靈的威脅，他們會盡一切可能破壞這些心靈的健康。所以我在此把邪惡定義為運用一切影響力，避免為了滋養別人的心靈成長而擴充自我的行為。一般的懶惰是不去愛，邪惡則是視愛如仇，與愛對立。

第三個結論是：至少在目前這個人類進化階段，邪惡是不可避免的。基於熵的力量與人類擁有自由意志這兩點考慮，必然有人能控制懶惰，而有人完全不能。熵與愛的進化是兩股對立的力量，它們在某些人身上取得平衡，在其他人身上各占優勢，是很正常的結果。但處於兩極地位的人，也一定正邪不能兩立地互相敵視。

最後一個結論：儘管熵是一股龐大的力量，是人性極惡的表現，但它也是一股完全不能凝聚人群的力量。我曾親眼目睹邪惡主動出擊，殘忍地戕害數十名兒童的心靈。但邪惡在人類進化的大架構中卻無法不自曝其短。它每傷害一個心靈，就會有其他心靈因而獲得解脫。邪惡不自覺地發出警告，使別人遠離它的陷阱。大多數人都直覺對邪惡的肆無忌憚感到心寒，一旦察覺到它的存在，我們反而會產生淨化自我的意願。邪惡把耶穌送上十字架，反而使我們能從遠處望見他。我們親自加入對抗邪惡的戰役，正是追求成長的方式。

7 發展成熟的意識力量

本書一再使用到「察覺」（aware）、「認知」（awareness）及其同義字。邪惡的人拒絕認知自己的真面目。心靈成熟的人都能覺察到自己的懶惰，但一般人往往對自己的宗教和世界觀不知不覺。然而為了自我的成長，人們必須認清自己的成見與偏見。我們經由自我擴充與愛的關懷，日漸了解心愛的人和這個世界。紀律最主要的部分就是認清自己的責任和抉擇的能力。這一部分的心靈，我們稱之為意識，現在我們就要把心靈的成長界定為意識的成長或意識的進化。

「意識」（conscious）這個字源於拉丁文，原意為「共同的認識與了解」，但是與什麼事物「共同」認識與了解呢？我認為那就是潛意識。潛意識知道的事永遠比意識多，也比局限於意識之中的我們多。當我們認知一項真理，不過是重新認識潛意識早已知道的事。因此不妨說，意識一件事，就是在這件事上跟潛意識有了共同的認識和了解。意識的發展，就是我們的意識開始認同潛意識已經知道的一切，意識逐漸與潛意識一致。

但是，為什麼潛意識會知道那麼多意識還不曾學會的東西。這個問題目前還沒有合乎科學的答案，只能提出假設。據我所知，最令人滿意的假設，就是假定有一個跟我們至為親密的神，親密到祂就是我們的一部分。尋求神恩最近的地方就是在自己心裡。如果渴求崇高的智慧，你應當反顧自己的內心。換言之，神與人的界面，至少有一部分就等於潛意識與意識的界面。簡單的說，我們的潛意識就是神，我們心裡的神。我們一向就是神的一部分，神一直與我們同在，不僅現在，也永遠如此。

這怎麼可能？如果讀者認為把潛意識當作上帝是大逆不道，他應該想到，基督教一直相信聖靈就住在信徒心中，與上面說法本質上完全相符。我覺得最有助於了解這種神與人關係的方法，就是把潛意識假想成一個巨大無比、埋藏在地下的樹根系統，意識則是地面上的小植物，吸收潛意識供給的養分。這個譬喻來自榮格，他說：

> 我一直覺得，生命就像一株靠地下根供給養分的植物。
>
> 真正的生命藏在根裡看不見，地面上的部分只能存活一個夏季，然後就凋萎了。何其短暫。想到生命與文明無止境的興替，就不由得感到一切都是虛空。但我也始終

感覺到，永恆川流不息的變動之下，有什麼東西還活在那裡。我們只看到花開花謝，而樹根卻不隨之而去。

榮格沒有直接說上帝存在於潛意識，但他的著作顯然指向這個方向。他把潛意識分成較浮面的「個人潛意識」和屬於人類全體較深沉的「集體潛意識」。我則把集體潛意識視作上帝，意識視作個人，而個人潛意識就是兩者之間的界面，因此也無可避免地成為神的意志與人的意志的戰場，不少騷亂在此發生。

我相信意識是精神病理學探討的重心，所有的心理疾病都源於意識出了問題。因為意識抗拒潛意識的智慧，而使人生病，也正是因為意識已經有病，它才會在潛意識企圖治療它時，跟潛意識發生衝突。換言之，心理疾病的起因就是個人的意識背離上帝的意志，而所謂上帝，也就是個人自己的潛意識。

我也曾說過，心靈成長最終的目標就是人神合一，使個人與上帝有共同的認識與了解。既然潛意識就是上帝，我們可以進一步把心靈成長的目標，界定為使意識臻於神的境界，使整個人完全成為神。但這是否代表要使意識與潛意識融合，只剩下潛意識呢？並非如此。現在我們面臨非常重要的轉捩點，也就是一方面成為神，一方面仍保留意識。如果從潛意識之神的樹根萌生的意識之芽也能成為神，那麼神就能擁有新的生命形式。這就是個人生命的意義所在。

意識掌管生命的一切行動，負責做決定，並且把決定付諸實現。如果只有潛意識，就像新生的嬰兒，雖然與神合一，卻不能採取任何行動，使全世界察覺神的存在。印度教與佛教的神祕思想中有一種退化的特質，把沒有自我疆界的嬰兒階段比作涅槃，進入涅槃就如同回返子宮。我們要提出的神學思維卻正好相反。人的目標不是成為泯滅自我的、只有潛意識的嬰孩，而是培養成熟而自覺的自我，從而發展成神性的自我。身為有自由行動能力的成年人，能獨立做出影響世界的抉擇，這種成熟的自由意志可以與神融為一體，神也就經由我們的意識，取得了強大有力的嶄新生命形式。我們將成為祂的臂膀，祂的代理人，同時因為我們能有意識地抉擇，按照祂的意願來影響世界，我們的生活也將成為神恩，替祂服務人群，在沒有愛的地方創造愛，使所有的同胞產生相同的認知，推動人類進化水平不斷提升。

8

展現心靈潛能

大部分人在生活中做大部分的決定時，都不知道自己在做什麼。他們採取行動時，並不了解自己的動機，也還沒有開始看清自己的抉擇會造成什麼變化。我們拒絕客戶時，真的了解自己在做什麼嗎？我們打小孩，晉升部下，跟熟人熱絡寒暄時，又何嘗有足夠的自知之明？在政治圈待久的人都知道，基於善意的行動結果往往適得其反，動機低下的人推動一個乍看存心不良的計畫，到頭來說不定還頗具建設性。教養子女也有類似的情形。為不正當的理由做好事是否比為正當的理由做壞事好？人最有把握的時候，通常是什麼都不知道的時候；自覺最聰明的時候，也是對整個情況不了解的時候。

漂流在茫茫無知大海中的我們，該怎麼辦？持虛無主義的人會說：「什麼也甭做。」他們認為人該繼續漂流，反正洋面這麼大，無法繪製海圖，走出迷霧，找到有意義的方向。但其他擁有足夠自覺、知道自己已經迷路的人，會勇敢地期許自己建立更好的自覺，擺脫無知。這些人是對的。這是可能的。但這種更好的自覺不是靠靈光一閃就能完成，它是慢慢地，一點一點地出現，每一點滴都必須靠耐心努力的研究與觀察，也包括深刻的自省。他們會是謙卑的學生。心靈成長之路是畢生不歇的學習。

如果追隨這條路夠久，夠用心，點點滴滴的知識就會拼湊在一起。漸漸所有事物的意義就出現了。我們會碰到死巷、令人失望或無用的觀念，但會愈來愈了解自己存在的真諦，以及自己在做什麼。於是擁有了力量。

擁有心靈力量的經驗基本上非常令人愉快。這是熟能生巧的愉悅感。事實上，沒有比身為專家，熟知自己所做的事，更令人滿足的了。心靈成長最多的人可說是生活的專家。更何況，他會覺得能上通天意，徹底了解整個情況的本質和自己一切作為的前因後果，使人覺得如上帝一般全知全能。有意識的自我於是成功地與神的心靈結為一體，這麼一來，我們就與神有共同的認識與了解了。

但心靈成長到這麼了不起的認知階段的人，一律表現出充滿喜樂的謙遜。因為他們知道自己不平凡的智慧乃是來自潛意識。他們知道自己根在何處，知道自己的知識是由這個根源源不絕湧來，一切求知的努力無非就是意識與根的聯繫，也知道這個根並不屬於他們個人，不是一個人的潛意識，而是全人類的、全體生物的、上帝的。

如果問起知識與力量的來源是什麼，真正擁有這兩種無價之寶的人一定會回答：「這不是我的力量，我的力量只是一個龐大力量的小小展示而已。我只是一個通道，真正的力量不屬於我。」他們的謙遜之中充滿喜樂。擁有與上帝（潛意識）溝通能力的人，自我意識會大幅縮小，他們唯一的念頭是：「成就祢的意願，不要管我的意願。用我做祢的工具。」放棄自我帶來一種平靜的大喜悅感，跟戀愛頗為類似。覺悟到自己與上帝之間密切的關係後，所有空虛寂寞都會一掃而空。這就是所謂「共融」（communion）。

頂峰的孤獨

體認心靈力量固然令人愉悅，但也令人害怕，因為人知道得愈多，就愈難採取行動。不論我們怎樣行動，文明的歷程都可能因而改變方向。決定要讚美或處罰一個孩子，結果可能產生極為廣大的影響。在數據有限，大致上只能聽天由命時，行動非常容易。但當我們必須吸收和綜合愈來愈多的數據時，決定也變得愈來愈複雜。我們所知愈多，就愈可能預測會產生什麼後果。身負預測每一件大大小小事情結果的責任，情況可能複雜到令人不能行動的程度。

但另一方面，不行動也可視為一種行動，在某些狀況下，不行動或許是最好的行動，而在其他狀況下，不行動卻造成重大的破壞與災難。因此，心靈力量不僅是察知而已，它還包括在認知範圍日益擴大的同時，仍具備做決定的能力。只不過事實並不像一般以為的那樣，無所不知並不會使做決定變得更容易，而是更形困難。我們愈接近神，就愈同情祂。分享上帝的知識同時，也要分擔祂的痛苦。

隨力量而來還有一個問題：孤獨。從某種角度看，擁有心靈力量跟擁有政治力量很相似。心靈發展接近顛峰的人就像權傾天下的人，他們不能推卸責任，不能諉過，也沒有人能教他們該怎麼辦，甚至沒有一個層次相當的人可以傾吐內心的壓力和痛苦。其他人或許可以提建議，但決定大權仍在你手中。一切都由你一個人負責。

由另一種角度來看，心靈力量帶來的孤獨感猶勝於政治權力。政界當權者至少還可以跟心智相當的人溝通，總統與國王身邊還是有一群朋友或諂媚逢迎者；心靈能力高到無所不知的人，生活圈裡卻找不到相同水準可以談心的人。

《聖經》四福音中一個值得注意的主題，就是基督經常因為沒有人真正了解他而感到沮喪。不論他如何努力，如何擴充自我，還是連提升門徒的心靈到跟自己相同的層次都無能為力。

最聰明的人會追隨他，但趕不上他，他的愛也不能使他免於一人領先、踽踽獨行的孤獨感。所有在心靈成長的道路上走得最遠的人，都會嘗到這種孤獨的滋味。

9 承擔痛苦的報償

談到心理健康與心理疾病時，我發表過一些看來全然不相干的觀點：「精神官能症是合法受苦的代用品」，「心理健康是不計代價地為真實奉獻」，「當個人偏離上帝——也就是他自己潛意識的意願時，就會產生心理疾病」。現在讓我們進一步探討心理疾病的問題，把這些零星論點整理成一個完整的系統。

為了在現實世界裡生活得好，必須盡可能了解世界的真相。但這樣的了解並非一蹴可幾，有時候世界的真相以及我們和這世界的關係，在很多方面都使人痛苦。唯有經過努力與受苦才能了解這些事，但每個人都多多少少會逃避這種不愉快的歷程，對某些可恨的事視若無睹，對痛苦的現實不聞不問，目的是在防護自己的意識，不讓現實侵入。心理學家把諸如此類的手段稱為「防衛機制」（defense mechanism）。人常常用這種防衛來局限自己的認知。如果基於懶惰與害怕痛苦的心理，竭盡所能防衛自己的認知，到頭來對世界的了解就會跟現實脫節，行為也變得不切實際。

這種現象發展到某種程度，四周的人就會看出我們已經「脫離現實」，儘管自以為還很正常，他人卻會認定我們已罹患了心理疾病。早在情況惡化到這種地步之前，其實潛意識已經發現個人調適不良，它會用各種方式提出警告：做惡夢、焦慮、沮喪等症狀，陸續出現。雖然我們的意識否定了現實，但無所不知的潛意識不但看穿真相，還試圖用這些症狀刺激我們，提醒問題的存在。換言之，心理疾病不受歡迎的症狀其實是神恩的顯示，是「在意識之外，滋養我們心靈成長的那股強大力量」的作為。

來自潛意識的訊息

前面談到的許多病例，雖然是用於說明其他原理，但大部分也可以說明這一點。在此我要再舉一個例子，特別闡明「症狀」所扮演角色的提醒。

二十二歲的貝西是個聰慧美麗的女子，相當害羞，使人聯想到小女孩，她因嚴重的焦慮感來看我。貝西來自一個篤信天主教的工人家庭，父母省吃儉用，送她上大學。讀了一年大學，雖然成績不錯，她仍決定輟學嫁給隔鄰一個男孩。他是個修車技師，她則到超級市場當店員。以後兩年過得還算順利，但焦慮突如其來地出現。她的焦慮感來得完全沒有徵兆，唯一的共同點是都發生在她一人在外、沒有丈夫陪同的時候。它可能發生在她購物時、工作時，或走在街上時。這種時候，她心中的恐慌強烈得難以形容，她會立刻丟下手頭的事，趕回家或趕到她丈夫工作的修車廠。只有當她跟他一起在家，恐慌感才會消失。這種症狀迫使她辭去工作。

一般醫師給的鎮定劑，非但不能使她鬆弛，甚至一點效用都沒有，所以貝西來找我。她哭訴道：「我不知道出了什麼問題，本來一切都很美好，我和先生非常恩愛，我也喜歡我的工作。我不知道這是怎麼回事，或許我快發瘋了，請你救我，幫助我使一切恢復原來的樣子。」但是經過治療，可以想見的，一切並不像她所說的那麼「美好」。

首先，我們漸漸發現，儘管丈夫待她不錯，但很多小毛病卻使她難以容忍，他為人粗魯，興趣偏狹，唯一的娛樂就是看電視。她感到十分厭煩。接著她承認，在超級市場做收銀員同樣令人厭煩。

於是我們開始討論她為什麼輟學，投入如此單調無聊的生活。她承認：「我在學校裡愈來愈感到不安。同學都嗑藥、濫交，我覺得那是不對的。但別人覺得有問題的其實是我，不單是那些想跟我上床的男生，連我的女性朋友也認為我不對勁。她們說我太天真。甚至我也開始懷疑自己，懷疑教會和父母的價值觀。我想大概是因為我害怕。」

治療過程中，貝西開始學著面對自己曾經逃避的事，最後她決定回學校念書。幸運的是她的丈夫也願意陪她一同成長，他也決定上大學。他們的生活圈迅速擴張，貝西的焦慮也自然而然痊癒了。

我們可以從幾個不同的角度來看這個相當典型的病例，貝西的焦慮很顯然是來自曠野恐怖症（agoraphobia），在她而言，也就是對自由的恐懼。一當她出門在外，又沒有丈夫做屏障，有充分自由到處走動跟別人交往時，症狀就出現了。恐懼自由是她心理疾病的本質，表現在外就是她的焦慮現象。不過我認為從另一個角度觀察她的病情更為有用。貝西對自由的恐懼早在焦慮症狀出現之前就存在。就因為這緣故，她自大學輟學，限制自己的成長。根據我的判斷，貝西當時（也就是症狀出現三年之前）已經病了。但她對自己的病態和自我戕害的行為一直茫然無知。因為焦慮症狀，才使她認知自己有病，迫使她糾正過去的錯誤，回到成長之路。

我相信絕大多數的心理病症都適用這種模式。疾病在症狀出現之前早已存在。症狀本身不是病，而是治療的開端。它的不受歡迎，使它更有資格被視為神的恩典——神的禮物。它是來自潛意識的訊息，喚醒人自我檢討和改過。

正如同一般的神恩一樣，大多數人會抗拒這項恩賜，不肯照訊息的指示行事，用各種方式逃避疾病的責任。他們否認症狀，故意忽視它的存在，用「每個人都會偶爾失常一下」做遁辭。即使承認自己有病，也經常以各種微妙的方式，把過錯推給外界，親戚的冷漠、朋友的虛偽、社會的病態甚或命運。唯有少數肯正視自己症狀的人，才會知道症狀是自己靈魂失常表現於外的現象，他們會接受潛意識的指示，從這項恩典中獲益。他們會面對自己的缺失，承擔治療自我過程中的痛苦，但也會因而得到極大的報償。

正視命運的安排

我在此所談的神恩與心理疾病之間關係的最好例證，應推希臘神話中俄瑞斯忒斯（Orestes）與復仇女神（the Furies）的故事。俄瑞斯忒斯是阿特柔斯（Atreus）之孫，因為阿特柔斯野心勃勃，企圖證明自己比眾神更偉大，遭眾神懲罰，詛咒他所有的後嗣。這個詛咒使俄瑞斯忒斯的母親克呂泰涅斯特拉（Clytemnestra）謀殺了自己的丈夫，也就是俄瑞斯忒斯的父親阿加曼農（Agamemnon）。這麼一來，詛咒就又降臨到俄瑞斯忒斯頭上。按照希臘的倫理法則，兒子一定要為父親報仇，但另一方面，弒母同樣為希臘人的法理所不容。俄瑞斯忒斯處於兩難之境，痛苦不已，最後還是殺了自己的母親。眾神於是派復仇女神——三個形狀可怖、只有他看得見、聽得見的人首鳥身怪物，不分日夜包圍著他、恐嚇他，用責罵懲罰他。

俄瑞斯忒斯被復仇女神如影隨形地追趕，只好四處流浪，尋求彌補罪行的方法。經過多年的寂寞反省與自責，他請求眾神取消對阿特柔斯家族的詛咒，他說他相信自己已經為弒母之罪付出了足夠的代價，復仇女神不必再追逐他不放。眾神舉行了一場審判。阿波羅為俄瑞斯忒斯辯護。阿波羅說，一切都由他安排，是他使俄瑞斯忒斯陷入非弒母不可的困境。就在這時，俄瑞斯忒斯一躍而起，反駁他的辯護者說：「殺死我母親的是我，不是阿波羅！」眾神十分驚訝。因為到這時為止，阿特柔斯家族不曾有過一人肯為自己的行為負責，他們總把所有的過錯都推卸到眾神頭上。眾神最後決定赦免俄瑞斯忒斯，不但取消了阿特柔斯家族的詛咒，還把復仇女神變成了仁慈女神（Eumenides），三個充滿愛心的精靈為俄瑞斯忒斯提出忠告，使他好運不斷。

這則神話的意義非常清楚，仁慈女神的希臘原名也有「傳遞神恩者」的意義。只有俄瑞斯忒斯能看見的復仇女神幻影，代表他的症狀，也是心理病患個人的地獄。復仇女神變成仁慈女神，也就是心理疾病變成了好運，跟我前面談的完全相符。這項改變，主要是因為俄瑞斯忒斯願意為自己的心理疾病負責。在他設法擺脫復仇女神的糾纏時，他並不認為自己所受的懲罰不公正，也不以社會或其他什麼的犧牲品自居。復仇女神乃是阿特柔斯家族詛咒不可避免的結果，也象徵著心理病症是個家族問題，父母或祖父母的罪過由子女來承擔。但俄瑞斯忒斯並沒有怪自己的家族，雖然這麼做沒有人會說他不對。他也不怪眾神或「命運」，相反的，他願意負起一切責任，盡力彌補。這過程歷時非常久——大多數心理治療也往往如此。但他痊癒了，而當初帶來痛苦的事物也變成了提供智慧的使者。

將問題變成機會

經驗豐富的心理醫師都曾親眼目睹這則神話在現實中重演，也曾看見復仇女神在治療成功的病人心中變成仁慈女神。這種改變殊為不易。大多數病人一旦發現心理治療要求他們為自己的病情和治癒負責時，不論開始時鬥志多麼高昂，都會打退堂鼓。

他們寧可繼續生病，把過錯推到眾神頭上，也不願恢復健康卻沒有別人可以諉過。

即使堅持下來的少數人，也必須教導他們「為自己負責是治療的一部分」的觀念。這種訓練是非常痛苦的過程，治療者必須按部就班，不斷逼病人面對企圖逃避的事情和責任。病人則往往像不聽話的孩子一樣大哭大鬧，拒絕為自己負全責，經過好幾個月甚至好幾年才肯屈服。只有很少數病人從開始接受治療時就願意自行負起全責，這樣的治療雖然可能還是要耗時一、兩年，但相對而言會較為快速而順利，對病人與醫師而言，也是一場較為愉快的經驗。兩種情形下，復仇女神都可以轉變為仁慈女神，所差只是變化的難易與時間的長短而已。

成功改變而擺脫童年或祖傳詛咒的人，會發現自己進入一個嶄新的世界。過去的問題變成了機會，一度可恨的障礙變成了期待的挑戰，曾經唾棄的想法變成了有益的啟示，從前不敢有的感覺也變成了活力與指引的來源。昔日的負擔變成上天的恩賜——甚至剛痊癒的這場疾病也包括在內。他們在治療結束時都說：「沮喪和焦慮症狀其實是對我最有益的事。」即使沒有宗教信仰，治療完成後，他們還是大多覺得一切如有神助。

10 不再抗拒神恩

俄瑞斯忒斯沒有看心理醫師，他自己治癒了自己。事實上，即使古希臘有一流的心理醫師，他還是得靠自己。因為心理治療不過是一種工具，一種紀律。要不要使用這種工具，使用到何種程度，為什麼目標使用，都還是由病人決定。有人會克服一切困難——諸如資金不足、過去接受治療的不愉快經驗、親友反對、醫院服務態度惡劣等，盡可能取得治療及治療帶來的一切好處。但其他人，卻可能一口回絕掉別人雙手捧上來的治療機會，即使勉強就診，也無視於醫師的愛心、努力與技巧，堅持做一顆不肯點頭的頑石，什麼都不吸收。儘管治療大功告成時，我的成就感油然而生，但我知道其實自己只是催化劑。

既然不論是否借助心理治療，病人還是得自行治療自己，為什麼成功的人那麼少，而失敗的人那麼多？心靈成長之路儘管崎嶇，但既然它對所有人開放，為什麼走上這條路的人那麼少？

基督就是為了解答這個問題才說：「被召的人多，選上的人少。」但是選上的人為什麼少？他們跟其他多數人又有什麼區別呢？大部分心理醫師都根據病情的嚴重程度來回答這問題。換言之，他們認為某些人病得比別人重，因而也比較不容易治癒。更有甚者，心理疾病的輕重與童年失去父母愛護的程度與早晚有直接關係。說得更明白點，精神病患被認為是出生頭九個月就得不到父母呵護的人，他們的病情可以用數種療法緩和，但幾乎不可能治癒。人格失調症的病患公認是嬰兒期受到完善照顧，但從九個月到兩歲之間，未能得到適當的呵護。他們的病情雖然比精神病患輕微，但仍相當嚴重而不易治癒。精神官能症患者則被認為幼兒期受到妥善照顧，直到兩歲之後，通常到五、六歲開始，才因故受到忽視。所以一般認為精神官能症病情最輕，也最容易治療。

我相信這套分類法頗為接近事實，而根據它所建立的心理理論，在很多方面對治療者也很有用，但它並未能揭示真相的全貌。舉例來說，它忽略了童年後期與青春期父母照顧的重要性。我們有充分的理由相信，在這些階段之後缺乏父母關愛，同樣能造成心理疾病，而此時若能得到適當的愛護與照顧，早年失怙的創痛也可以治療。另一方面，儘管這套分類法有統計學上的根據，一般而言，精神官能症比人格失調症好醫，而人格失調症又比精神病易治，但它無法預估個人的成長過程。舉例而言，我做心理分析最快成功的案例，是一個患有嚴重精神病的男人，他於九個月後完全治癒，而我花了三年工夫，治療另一個很明顯的「只有」精神官能症的女人，也只得到些微的進展。

成長意願

病人本身「成長意願」這項捉摸不定的成分，可說是治療成敗的決定性因素，而未能列入分類法考慮的因素中。病情再怎麼嚴重，也能靠強烈的「成長意願」而扭轉乾坤；病情再怎麼輕微，倘若病人不願成長，就不可能有絲毫成長。遺憾的是，當代心理醫療理論對這個因素的了解，仍然幾乎等於零。

以我而言，雖然我承認成長意願極為重要，但也不能否認這個觀念仍披著一層深不可測的神祕外衣。我只能說，成長意願的本質與愛是相同的。愛是為了心靈成長擴充自我的意願。根據這項定義，真正擁有愛心的人也會不斷成長。我曾經指出，父母之愛能滋養和培養愛的能力，但也曾強調，光靠父母之愛不能使所有人都具備這種能力。為什麼有些人對最好、最有愛心的治療毫無反應？又為什麼有人不一定要借助心理治療，就能超越沒有愛的童年，成為充滿愛心的人？我說過我不一定能提出令所有人都滿意的答案，但我認為神恩或許能指點一條明路。

我愈來愈相信，愛的能力和成長意願不僅靠童年時代父母親情的滋養，也靠他們畢生體會的神恩，也就是神的愛給與的滋養。這是一股意識之外的強大力量，經由他們的潛意識、父母之外為他們付出愛心的人，還有其他我們所不了解的方式運作。因為有神恩，一般人才能超越童年得不到父母愛心照顧的創傷，長成富於愛心的人，在人類進化水準上遠遠超過自己的父母。但是為什麼只有一小部分人能夠尋獲這樣的心靈成長和進化呢？我相信神恩普及於每一個人，每個人都分霑到公平的一份，因此唯一的可能就是大多數人決定拒絕神恩的召喚，不理睬它伸出的援手。

可是為什麼那麼少人聽從神恩的召喚？又為什麼那麼多人抗拒神恩？前面談到神恩能提供潛意識抵抗疾病的力量，但大家卻又似乎有志一同地排斥健康。原因就在於懶惰，也就是每個人熵的原罪，它是永恆的詛咒。正如同神恩是帶動人類在進化階梯上不斷攀升的力量泉源，熵則促使我們抗拒這股力量，甚至墮落到心靈進化的更下層。

心理專家和很多外行人士都熟知，職位剛升遷到地位較高、權責更重的人，很容易產生心理問題。軍方的心理醫師對所謂「升遷精神官能症」（promotion neurosis）的問題尤其熟悉。他們發現，因為大部分軍人都堅決抗拒升遷，才使得這個問題在軍隊中發生的頻率沒有進一步提高。很多以軍人為終身職業的低階士官，不願調升為士官長，還有很多才智出色的低階士官寧死也不要成為軍官，他們一再拒絕接受軍官訓練，雖然從智力與穩定性考慮，他們已具備充分的升遷資格。

走出心靈童年

心靈成長與職業生涯頗為類似，神恩的召喚亦可視為一種升遷，被召喚去擔任責任與權力都擴張的職位。認識神恩，親身體認到它的無所不在，知道自己跟神多麼接近，就會從內心油然產生很少人能擁有的無比寧靜。但另一方面，無比龐大的責任感也隨這種認知而來，因為與神接近就必須擔任力量與愛的代理人，代替神執行任務；神恩召喚我們從心靈的童年進入成年，成為全人類的父母。詩人劇作家艾略特在劇本「大教堂謀殺案」（Murder in the Cathedral）中為貝克特（Thomas Becket）大主教撰寫的聖誕講道辭，非常貼切地說明了這件事：

請思考一下「平安」這個字的意義。天使高唱平安，但世上戰火不斷，永遠處於戰爭的恐懼中，你們覺得奇怪嗎？你們覺得天使搞錯了，或者這個承諾令人失望，甚至是個騙局？

現在回想我們的主是如何說到平安的。他告訴他的門徒：「我留給你們我的平安，我賜給你們我的平安。」他所謂的平安是否跟我們所想的一樣；英格蘭與鄰國和平共存，諸侯與王室和平相處，凡人勞碌必有所獲，擁有安適潔淨的住宅，桌上有好酒款待朋友，主婦唱歌給孩子聽？祂的門徒心目中沒有這回事，他們長途跋涉，不得休息，翻山越海，受盡酷刑折磨，繼而下獄、失望、最後痛苦地殉道死去。那麼祂是什麼意思呢？問這個問題之前請再回想一下，祂也說過：「我給你們的不是世俗所給的。」換言之，祂給祂的弟子平安，但不是世俗所謂的平安。

因此，隨著神恩的平安而來的，是令人不勝負荷的責任與義務。很多符合資格的士官不想換穿軍官制服，不是沒有道理的。接受心理治療的病人對於隨真正健全的心靈而來的力量興趣索然，同樣不足為奇。曾有一位年輕婦女，因為嚴重沮喪而接受我治療一年，她逐漸了解她的親戚心理有問題。有一天，她因自己能明智、冷靜、輕鬆地處理家族中的問題而興奮不已。她說：「我覺得好痛快，但願我能經常有這種感覺。」

我告訴她這是可能的，這份愉快主要是因為她頭一遭採取有力的立場面對家人，她已看穿他們企圖用各種曲折的手段阻撓正常溝通，從而操縱她，滿足他們不切實際的要求，現在她已能掌握全局，不受人擺布。我告訴她，如果把自己的認知擴大應用於其他情況，她就會愈來愈能「掌握」一切，而且經常感到這麼愉快。她瞪著我，臉上流露出恐懼，說：「那樣我就必須不斷用心思考了。」我同意她必須處心積慮，才能維繫和發展自己的力量，擺脫造成沮喪的無力感。她生氣地提高嗓門：「我才不要花那麼多時間玩弄什麼鬼心計！我來這兒不是為了把自己的生活搞得更複雜！我只想放輕鬆，快快樂樂過日子。難道你希望我變成上帝還是什麼嗎？」很遺憾，不久這名潛力過人的少婦就中止了治療，她被心理健康的附帶條件嚇壞了，寧可不要痊癒。

權力的重擔

外行人聽來可能覺得奇怪，但心理專家都熟知一般人往往害怕心理健康的事實。心理治療的主要任務並不是使病人嘗到心理健康的滋味，而是經由安慰、再三保證與堅決的態度，防範他們體會健康後再次逃開。這種懼怕的某一方面相當合理而健康，那就是擔心人一旦擁有權力就會濫用權力。聖奧古斯丁寫道：「兼具愛心與勤勉，則可從心所欲不踰矩。」（Dilige et quod vis fac）心理治療進展到相當程度的人，受制於廣大無情世界的感覺就不再作祟，有一天他們會頓悟到自己已擁有隨心所欲的行事力量。這種自由的感覺是相當嚇人的。他們會想：「如果我為所欲為，還有什麼能防止我犯錯和犯罪，做出任何不道德的事呢？單靠勤勉與愛心就足夠使我自制嗎？」

其實單單有這種想法，已經證明一個人頗具勤勉與愛心。它們能使人自制，不濫用權力，因此不可以把這樣的念頭拋在一旁。但另一方面，也不能讓它過分發展，使人不敢聽從神恩召喚，發揮自己的力量。有些人可能要掙扎許多年才能克服恐懼，坦然面對自己的神性。如果恐懼和自認沒有價值的感覺強烈到令人一再逃避權力的責任，就會導致精神官能症，並且構成心理治療的中心問題。

不過對大部分人而言，害怕自己濫用力量通常不是抗拒神恩的主要理由，他們不擔心自己「從心所欲」，使他們望而卻步的是「勤勉」。大多數人都像小孩，對成年人的自由和權力羨慕不已，但對責任和自律卻毫無意願承擔。儘管我們覺得被父母、社會或命運壓迫，但還是希望有個更高的權威供我們推卸責任。處於沒有人可以代我們受責的地位令人害怕，要不是有神同在，孤零零地守著這麼高的位置，真會把人嚇壞。很多人就是因為缺乏承受孤獨的能力，寧可放棄掌舵的機會。他們要平安，卻不要隨力量而來的孤單；他們要有成年人的自信，卻不肯長大。

響應神恩既是如此困難，「被召的人多，選上的人少」也就不難理解。因此為什麼那麼多人即使找到最好的醫師，也不能從心理治療中獲益，或為什麼人類經常要抗拒神恩，現在都已不再構成問題，因為在熵的作用下，這種行為非常正常。我們應該問的是相反的問題：為什麼會有人克服萬難，聽從神恩的召喚？這些人跟大多數人有什麼不一樣？我無法回答這個問題。

這種人可能來自富裕、教養良好的環境，也可能有貧窮、迷信的背景。他們可能自幼在父母的呵護下成長，也可能從來不知被人真正關懷的滋味。他們可能為調適上的小困難來尋求治療，但也可能處於極其嚴重的精神病態。他們可能年老也可能年輕。他們可能頓悟神恩的存在，很容易就追隨它，但也可能極力抗拒，最後才一寸一寸讓步。

多年的經驗使我對選擇病人的把握反而愈來愈小，我對那些我因無知而拒絕的病人深感抱歉，因為我發現在心理治療過程的早期，我完全無法預測哪一位病人會對治療有反應，哪一位病人的反應又能奇蹟似的使他持續成長，達到神恩的境界。基督曾對尼哥底母（Nicodemus）談到神恩之不可測說：「你聽見風的響聲，卻不曉得風從哪裡來，往哪裡去，凡從聖靈生的，也是如此——我們無法預測祂下一個要把通往天國的道路賜予誰。」我們看神恩也是如此，除了承認它神祕的本質，別無選擇。

11 迎接靈性生活

到最後，我們面對的仍是矛盾。我在這本書中描述的心靈成長，好像是按部就班、循序漸進的過程。我可能給讀者一種印象，似乎心靈成長是一門像博士班課程般供人研究學習的學問，只要繳清學費，用功讀書，最後一定能取得學位。我把基督「被召的人多，選上的人少」這句話解釋為，多數人不願面對困難，所以只有很少人選擇聽從神恩。我根據這樣的解釋推論，能否享有神恩的庇佑完全由我們自己決定。這就是我所知的真相。

但我也知道，這並非全部的真相。我們不能主動追尋神恩，是神恩降臨在人身上。神恩不論如何去求都不見得能求到，不去求時，它卻翩然出現。我們或許誠心渴望過靈性的生活，但四周充滿重重阻礙。或者我們也可能對靈性生活毫無興趣，卻不由自主地接到它的召喚。

在某種層次上看，要不要追隨神恩召喚是人自己的抉擇，但從另一個層次看，揀選我們的其實還是上帝。凡是達到神恩的境界，獲賜「天國的新生」的人，都對自己的境遇訝異不已，他們都不覺得這是靠自己的力量爭取到的。他們或許很切實地感知自己本性中的善，但不把這種本性歸功於自己的意願，相反的，他們覺得這份本性之善是由一雙比自己更聰明、更靈巧的手所創造的。愈接近神恩的人，愈能覺得這份天賦神祕莫測。

怎麼能解開這個矛盾？答案是不去解開它。以下或許是最好的說法：人雖然不能憑意志達到神恩，但意志能使我們在它神奇降臨時開放自我。我們可以準備自我，成為一片沃土，一片歡迎它扎根的地方，做一個充分自律、富於愛心的人。我深深相信，明瞭有神恩存在，對於選擇心靈成長這一艱難路途的人會有可觀的助益。因為這種認知至少能幫助他們：使他們更確定方向，給他們鼓勵。

我們既選擇神恩，也被神恩選擇，這種矛盾的本質就是不期而遇的收穫。不期而遇的收穫，定義就是「意外發現有價值或令人喜愛事物的天賦才能。」佛陀在不再尋求時頓然開悟，因為他讓「悟」來到自己心中。但另一方面，誰敢說他的開悟不是因為他花了至少十六年的功夫尋索與準備？他既尋找它，也沒有尋找它。復仇女神轉變為仁慈的化身，是因為俄瑞斯忒斯一方面努力爭取神的寬赦，一方面並沒有期望神替他安排一條康莊大道。他經過相同的一番尋求與不尋求的矛盾組合，出乎意料獲得神恩的護祐。

夢的價值

心理疾病患者用夢境做為治療的工具，就是這種現象很好的例證。有些病人知道夢裡有解答，所以不厭其煩記下每一個夢的細節，並且把一大堆的夢帶到治療中討論。但他們的夢其實沒什麼幫助，甚至還可能妨礙治療。最大的問題是治療時間不夠分析這些夢，其次的困難是這麼多夢的材料，使真正有用的分析無法進行，更何況，這些材料的意義可能全都隱晦不明。這一型病人必須學習不再到夢中尋索，而讓夢來找他們，讓潛意識任主，選擇送入意識的夢。這麼做可能相當困難，因為它要求病人放棄某種程度的主控權，從內心採取較為被動的態度。但只要病人學會不再去追逐夢，他記得的夢在分量上就會銳減，品質卻會大幅度提升。結果病人的夢境——也就是潛意識不請自來的禮物——就會按照期望幫助他邁向痊癒。

但另一方面，也有很多病人一點兒也不了解夢的價值，把所有的夢都當作沒有價值的廢物，排除在意識之外。對於這種病人，必須教他們記住夢的內容，發掘其中隱藏的寶藏。我們必須在夢來臨時，看清它們的價值，善加運用，但也必須學會不刻意尋找或期待，讓它成為真正天賜的禮物。

神恩也是如此。我們已經談過，夢不過是神恩降臨的一種方式。神恩的其他顯現方式也同樣充滿矛盾：各種各樣的心血來潮、預警，以及突如其來、不期而遇的事件。愛也是如此。每個人都希望被愛，但首先我們必須做值得愛的人，為被愛做準備，使自己成為富於愛心、能自律的人。如果我們一味尋求被愛、只希望被愛，往往不能如願，我們會變得過分倚賴，占有欲強，而不是真心去愛人。但如果能滋養自己和別人，不以取得報償為念，我們就能成為值得愛的人，獲得被愛的報酬。我們不去找它，它會主動來找我們。人世間的愛與神的愛並沒有不同。

走上成長旅程

幫助那些已經踏上心靈成長之路的人，學習聽任不期而遇的收穫來臨的能力，是我寫作這一部的一大目標。我們可以說，得到不期而遇的收穫並不是天賦才能，而是後天學來的本領，能夠認知和運用來自意識領域之外的神恩。擁有這種本領就會發現，有一隻看不見的手和深不可測的智慧，在心靈成長之路上帶引我們。它們判斷準確，遠勝於我們自己的意識；在它們領導下，我們的旅程加快了許多。

佛陀、基督、老子以及很多其他古聖先賢，曾經以不同的方式表達過這些觀念。本書就是因為我從自己的生活中，體認到與他們教誨相同的真理而作。如果你想對這些現代的注腳做更深入的探討，就必得回頭重讀古老的經典。從中尋求更偉大的知識，但不要期待更多的細節。有很多人基於被動、倚賴、恐懼或懶惰的心理，希望看清每一寸路面，要求保證每一步都安全而值得。這是不可能的事。因為心靈成長之路就是要求你在思考與行動兩方面，都能勇敢、進取和獨立。

儘管有先知的話語和神恩的幫助，你還是得獨自前進。沒有一個老師能帶你過去，也沒有既定的方程式，儀式只是學習的工具，不等於學問。吃自然食物，早餐前唸五遍萬福瑪利亞，面朝東方或西方禱告，每個星期天上教堂，都不能帶你到達目的地。任何字句或教訓，都不能使心靈旅者免於自行選擇道路、歷經個別生活中的努力與焦慮、不斷尋求認同。

即使在對這些事有真正的了解之後，心靈成長之路仍然寂寞艱難，經常令人氣餒。現代科學昌明，而使人相信宇宙的機械原理，卻不相信奇蹟。科學告訴我們，人類居住的地方只是浩瀚如海的宇宙中一個微不足道的小行星。

外在宇宙已龐大得令人不知所措，但科學還告訴我們，超乎意志所能控制的內在力量主宰著人的一切活動，如大腦細胞的化學分子和潛意識的衝突，強迫我們產生莫名所以的感覺，做出自己也不明白的舉動。科學資訊取代了人類的神話，只促使我們更加對存在的無意義感到痛苦不堪。內在受不了解的化學與心理作用驅策，外在處於科學都無法量度其範圍的浩瀚宇宙中，個人或族群的生存有什麼意義？

但同樣的，科學也在若干方面幫助我發現神恩現象的真相。我希望能把我的心得傳播出去。一旦了解神恩的真相，我們就不會再自覺沒有意義或不重要。除了人自己和自我意識外，另有一股強大的力量在滋養我們的成長與進化，此一事實，足夠推翻我們的自卑感。因為一旦察覺到這股力量存在，就能篤定地知道，人類的心靈成長對某種更偉大的東西而言，非常重要。我們把這種東西取名為神。神恩存在不僅證明神的存在，更毫無爭議地證明，神的旨意就是致力於每一個人的心靈成長。神話變成了事實。我們在神的眼前生活，而且是處於祂視界和關懷的焦點。說不定我們所知道的宇宙，只是進入神的國度的一塊踏腳石。我們沒有迷失在宇宙中，相反的，神恩證明人類正是宇宙的中心。時空的存在只是為了讓人橫越。

每當我的病人感到自己沒有價值，對我們的努力沒有進展感到沮喪時，我有時會告訴他們，人類正在做一次進化上的大躍進，我說：「這一躍成功與否，是你個人的責任。」當然我也有責任。這個宇宙，這塊踏腳石是為人而鋪設，但我們必須親自跨越它，一步又一步。神恩扶持我們不致跌倒，神恩告訴我們，人是受歡迎的。我們還能要求什麼？

後記

爭取屬於你的心靈紅利

自從本書出版以來，我接到很多封讀者來信。這些信都非常了不起，不但每一封都才氣橫溢，行文流暢，而且充滿了愛心。除了讚美本書，大部分信中還有額外的禮物，包括其他作家值得引用的詩句或嘉言，個人的智慧洞見與親身經歷的故事。這些來信豐富了我的生活，使我了解到，各地都有人默默在人跡稀少的心靈成長之路上走了很遠的一段距離，結合成一面廣大的網路，涵蓋之廣遠超出想像。他們感謝我減輕了旅途中的寂寞之感。我也為同樣的理由要感謝他們。

有幾位讀者詢問我對心理治療效果有無信心。我確實提過，心理治療的品質良莠不齊。我始終相信，很多與能力不錯的心理治療者合作卻未獲益的患者，失敗在他們本身不能配合治療工作的嚴格要求。但我卻忘了說明，有大約百分之五的心理問題是無法治療的，甚至病情會因深刻自省而更加惡化。

任何仔細閱讀並深入了解這本書的人，都不大可能在這百分之五之列。但無論如何，夠格的心理醫師有責任挑出這些不宜接受心理分析的少數病人，並且改採用對他們較有益處的治療方式對症下藥。

但誰才是所謂夠格的心理醫師呢？若干正在尋找心理治療的讀者，詢問我如何選擇適當的治療者，如何分辨他夠不夠格。我第一個建議是選擇時要慎重。這是你畢生最重要的抉擇之一。心理治療是一項大投資，不但花錢，還需要投入時間和精力。它是股票經紀人所謂的高風險投資。選得對，它會帶給你夢想不到的大筆心靈紅利。雖然選錯時，你好像不至於受到什麼實際的傷害，但事實上你已經浪費了寶貴的金錢、時間與精力。

所以你一定要精挑細選。也要信任自己的感覺與直覺。通常跟治療者談過一次，應該就知道合不合適。如果感覺不合，付清這一次費用，就另請高明。這種感覺通常很抽象，但它會從一些具體的小線索中散發出來。我自己曾於一九六六年接受治療，當時我對於美國介入越戰一事的道德性頗感懷疑。我的心理醫師在候診室裡擺了諸如《壁壘》（*Ramparts*）與《紐約書評》（*New York Review of Books*）等採取反戰路線的自由派雜誌，所以我在見到他本人以前，已經開始對他有好感了。

但你的治療者是否能付出真正的關懷，遠比他的政治見識、年齡或性別重要。這一點你同樣可以很快察覺出來。治療者不應該過於急切地提出各種樂觀的保證，或不假思索地一頭栽入。真正用心的治療者，態度應該審慎、嚴謹而有所保留，但你還是能憑直覺知道，保留的外衣下面藏的是親切還是冷漠。

因為治療者一定會先跟你面談，以決定是否接受你這個病人，你趁此機會同樣面試他們也毫無不妥之處。只要你在乎，儘管大膽詢問心理治療者對於諸如女權運動、同性戀或宗教的看法。你有權得到誠實、坦白而嚴肅的回答。至於其他問題，像是治療需時多久，或你皮膚上的疹塊是否心理因素引起，如果治療者答說不知道，你大可以相信他在說實話。凡受過良好教育、事業成功的各行專業人士，如果還肯坦然承認自己有所不知，通常都是最具專業訓練，也最值得信任的人。

心理治療者的能力跟他擁有的證書幾乎毫無關係。愛心、勇氣和智慧都不能從文憑上看出來。例如「心理醫師協會特考合格」可視為這一行最高的資格證明，代表他受過嚴格的訓練，至少讓你有信心不致落入江湖郎中之手。但專業心理醫師不見得是比心理學家、社會工作者或牧師更高明的心理治療者，甚至還不及他們。事實上，我認識的兩位一流的心理治療者，連大學都沒有畢業。

口碑通常是找尋優良心理治療者的好途徑。如果你有若干可靠的朋友對某位心理治療者的服務很滿意，何不接受他們的推薦？還有一個方式特別適合病情嚴重或兼有生理問題的人，就是找正牌心理醫師。心理醫師受過醫學方面的訓練，因此收費最為昂貴，但他們也能從各個角度觀察你的狀況。談完一個小時，讓醫師有機會了解你的問題後，你可以要求他把你轉介到收費較低廉、非科班出身的治療者那裡。最優秀的心理醫師通常都很願意告訴你，社區中哪些非科班的執業者能力最強。當然，如果這位醫師跟你很合得來，也願意收你這個病人，你不妨留下來繼續接受他治療。

上面這些綱領可能不及讀者所希望的那麼詳盡，但最重要的是，因為心理治療必須先建立強烈而密集的親密感情，因此絕對不能推卸這責任，要親自選擇一個能信任的人來引導你。適合某一個人的治療者不見得適合另一個人。每個治療者跟每個病人都很獨特，你只有倚賴自己獨特的直覺判斷。其中當然有風險，我希望你能幸運找到能幫助你的人。同時，因為接受心理治療需要相當大的勇氣，我也很佩服你能做這樣的決定。

心理勵志 BBP467

心靈地圖 I

追求愛和成長之路

The Road Less Traveled: A New Psychology of Love, Traditional Values and Spiritual Growth

作者 — 史考特·派克（M. Scott Peck, M.D.）
譯者 — 張定綺

總編輯 — 吳佩穎
責任編輯 — 黃寶敏、方怡雯、陳怡琳
美術設計 — BIANCO TSAI
內頁排版 — 張靜怡、楊仕堯

出版者 — 遠見天下文化出版股份有限公司
創辦人 — 高希均、王力行
遠見·天下文化 事業群榮譽董事長 — 高希均
遠見·天下文化 事業群董事長 — 王力行
天下文化社長 — 王力行
天下文化總經理 — 鄧瑋羚
國際事務開發部兼版權中心總監 — 潘欣
法律顧問 — 理律法律事務所陳長文律師
著作權顧問 — 魏啟翔律師
地址 — 台北市 104 松江路 93 巷 1 號 2 樓

國家圖書館出版品預行編目（CIP）資料

心靈地圖 I：追求愛和成長之路／史考特·派克（M. Scott Peck）著；張定綺譯. -- 第六版. -- 臺北市：遠見天下文化出版股份有限公司, 2022.03
面； 公分. -- （心理勵志；BBP467）
譯自：The road less traveled: a new psychology of love, traditional values and spiritual growth.
ISBN 978-986-525-497-1（平裝）

1. CST：心理治療

178.8 111002319

讀者服務專線 — (02) 2662-0012 ｜傳真 — (02) 2662-0007；(02) 2662-0009
電子郵件信箱 — cwpc@cwgv.com.tw
直接郵撥帳號 — 1326703-6 號 遠見天下文化出版股份有限公司

製版廠 — 東豪印刷事業有限公司
印刷廠 — 祥峰印刷事業有限公司
裝訂廠 — 台興印刷裝訂股份有限公司
登記證 — 局版台業字第 2517 號
總經銷 — 大和書報圖書股份有限公司 電話／ (02) 8990-2588
出版日期 — 1991 年 11 月 20 日第一版第 1 次印行
2024 年 4 月 5 日第六版第 2 次印行

定價 — NT 420 元
ISBN — 978-986-525-497-1
EISBN — 9789865255039（EPUB）；9789865255046（PDF）
書號 — BBP467
天下文化官網 — bookzone.cwgv.com.tw

天下文化

BELIEVE IN READING